JN013994

地域創生と観光

[編著]───陶山計介＋室 博＋小菅謙一＋羽藤雅彦＋青谷実知代

[企画協力]─西日本旅客鉄道株式会社
株式会社JR西日本コミュニケーションズ
一般社団法人ブランド戦略経営研究所

Regional Revitalization
and Tourism in Japan

千倉書房

まえがき

　2021年のダボス会議ではテーマとして"グレート・リセット（The Great Reset）"が掲げられた。公正、持続可能かつレジリエンス（適応、回復する力）のある経済・社会システム、ポストコロナにおける人間の尊厳と社会正義を中心とした新しいソーシャル・コントラクト（社会契約）にもとづくNew Normal（新常態）の再構築である。その際に鍵となるのが、IoT、AI、ロボット、プラットフォーマーの台頭などを通じた"Society 5.0"や"超スマート社会"、DX（デジタルトランスフォーメーション）、CX（顧客体験）、SX（サステナビリティ・トランスフォーメーション）をどのように構想していくのかである。

　コロナ禍による訪日外国人旅行者の激減だけでなく外出等のさまざまな行動規制にともなう宿泊、旅行、観光需要の落ち込み、さらにウクライナ情勢にともなう原材料やエネルギーの価格上昇、円安基調で推移する為替環境、金融市場の逼迫なども加わり地方や地域の経済や社会、そこに暮らす人々の生活はさらに大きな影響を受けた。数年に及ぶ疲弊や苦難から脱却することは地方や地域はもちろん日本や世界の社会経済にとっても決定的に重要な課題にほかならない。中央と地方、都市や農山漁村などのバランスの取れた発展、地域をまたぐ観光や旅行、物産・産品の売買などによるヒト、モノ、カネ、情報などの移動と交流、それらを通じた地方や地域の活性化が不可欠となる。

　地域がそれぞれの特徴を活かして自律的で持続的な社会を創生するとともに、「しごと」が「ひと」を呼び、「ひと」が「しごと」を呼び込む好循環、それを支える「まち」に活力を取り戻すうえで何が必要になるのか、そのなかで観光・旅行はいかなる役割を果たすのか。地域創生にとって観光だけが浮上の鍵をなすわけではない。産業や文化・芸術、教育・医療、スポーツやエンタテイメントなども欠かせない。ただ交流人口をもたらす観光が地方や地域を活性化する突破口の1つになることも間違いない。とはいえ、観光そのものも旧態依然のままでよいということではない。DX、CX、SXといったNew Normalに対応するように観光のあり方をイノベーションすることが不可欠である。地域も観光もRevitalization（創生、再活性化）することが求められている。

本書は、地域創生におけるこの「まち」・「ひと」・「しごと」づくりと観光・旅行というテーマのもと、基本概念の整理とコロナ禍がもたらした影響、地域コミュニティとブランド、人と地域の可能性を拓くうえでのアートの役割、地域共生に向けた鉄道事業者の取り組み、「コト」マーケティングと「ひと」ネットワークづくり、聖地巡礼を通じた観光誘客と地域創生、リピーターの創出と拡大による創造的観光、観光映像と地域マネジメント、着地型観光を推進する組織チームづくり、観光まちづくりにおけるリーダーの役割、官民連携によるコンテンツを活かした地域創生、などの観点から最新の研究成果、現状と課題について考察したものである。

　ここで本書刊行の経緯について触れたい。序章でも詳細に紹介しているが、2012年、観光かごしま大キャンペーン推進協議会が主催し、西日本旅客鉄道が協力して、山陽・九州新幹線の直通運転開始から2年目を迎えるにあたり、関西・中国エリアの大学生が鹿児島県の観光地にて、学生同士や地域との交流を通じてさまざまな経験を積み、鹿児島への旅行の魅力をソーシャルメディア（Facebookなど）で情報発信する「鹿児島カレッジ」がスタートした。それは、大学生が地元の皆さんとの交流や芸術、農業、食、伝統工芸などさまざまな体験実習を通して、地元との連携を深め、おもてなしの心や鹿児島県の魅力を感じるとともに、旅の素晴らしさを発見しながら旅行プランの企画提案とFacebookなどを活用した情報発信を行うプログラムであった。第1回の参加大学は、大阪大学、関西大学、神戸松蔭女子学院大学、神戸大学、岡山大学、広島経済大学の6大学であった（https://www.westjr.co.jp/press/article/2012/07/page_2171.html）。当時の参加大学生は「私たちは現地での貴重な体験や他大学の学生との交流を通じて、自分たちの見聞をより一層深めて成果を出したい」と抱負を述べている。

　その後、カレッジは「ユニバーシティ・カレッジ南九州」（2014年）、「北陸カレッジ（富山）」（2015年）、「北陸カレッジ」（2016年）、「南九州カレッジ」（2017年、2018年）、「新潟カレッジ」（2017年）、「瀬戸内カレッジ」（2019年〜2022年）と対象エリアや参加大学を変えながら今日まで継続してきた。

　2017年に実施した調査によれば、カレッジが主催者や参加大学・学生にもたらした成果は大きく4つある。第1に、対象エリアのイメージアップ効果によ

り旅行意欲の高まりと地元・自治体への経済効果（地域内消費支出額）、第2に、対象エリアへの西日本旅客鉄道の鉄道利用や営業推進効果（鉄道旅行支出額）と「学生や若者を育てようとしている」、「社会や地域に役立つ活動を行っている」といったイメージアップ効果、第3に、若者・学生、地元・自治体、旅行会社、中学・高校との連携効果として、若者の旅行離れの防止と旅行需要の創出、若者向け観光・旅行素材の磨き上げや旅行商品の造成・販売における新しい切り口・インサイトの導出、連携による新たな可能性やマーケットの拡大、そして第4に、スキルアップ、ナレッジの蓄積、キャリア形成といった参加大学生自身の成長機会の創出、である。2012年度から進めてきた大学生によるカレッジは総じて、西日本旅客鉄道や地元・自治体が投入した予算や労力・時間に見合う以上の大きな成果をもたらしているといってよい。

　このカレッジが10周年を迎えたのを機にそれに参加した大学教員や西日本旅客鉄道およびJR西日本コミュニケーションズの関係者が、その果たしてきた役割を踏まえながらさらに次のステージを展望しつつ、この間テーマとして掲げてきた「地域創生と観光」の過去・現在・未来を新たなメンバーを迎えて一書にまとめてみようということになった。本書にはまたこの10年のカレッジに参加した学生諸君、毎年さまざまなかたちでお世話いただいた自治体や関連団体の皆様に対するお礼と今後のご支援を引き続きお願いするという意味合いも込められている。

　本書刊行にあたっては西日本旅客鉄道株式会社、株式会社JR西日本コミュニケーションズおよび一般社団法人ブランド戦略経営研究所の企画協力を得た。西日本旅客鉄道は、2020年10月30日に見直した「JR西日本グループ中期経営計画 2022」で「人々が出会い、笑顔が生まれる、安全で豊かな社会」という目指す未来、「地域共生企業として、私たちの使命を果たします」をありたい姿としているように、まさに地域の創生とまちづくりを企業の存在意義として掲げている（https://www.westjr.co.jp/company/info/plan/）。株式会社JR西日本コミュニケーションズは、「驚きと感動を創造し、社会の発展に貢献します」という企業理念のもと、地方創生、医療介護などの社会問題の解決、持続的社会の実現など、ソーシャルビジネスやコンテンツビジネスなどにも注力している（https://www.jcomm.co.jp/advertising/）。また一般社団法人ブランド戦略経

営研究所は、「マーケティング戦略と知財戦略を基軸にしながら、人材開発戦略、営業戦略、生産戦略、研究開発戦略、財務戦略など各機能戦略の連携によるブランド戦略経営の推進」を理念・ミッションとして掲げ、「ブランド戦略経営」に関する調査研究・教育研修・啓蒙活動、出版・広報活動などを行っている（https://www.brand-si.com/）が、その一環として地域創生および観光分野における「新たな知」の構築をめざしている。本書はこれら三者の連携の成果の1つでもある。

　執筆者として加わってはいないが、広島経済大学の藤口光紀教授には地域創生とスポーツ経営という観点から議論に加わっていただいた。また西日本旅客鉄道株式会社 営業本部（営業戦略）課長の大野大輔氏には本書刊行を推進する労を取っていただいた。最後に本書の企画に理解を示し刊行を後押ししていただいた株式会社千倉書房編集部の岩澤孝氏には格別にお世話になった。記して感謝したい。

　本書が地域や地方の創生、活性化、まちづくり、またコロナ禍などで厳しい環境にある観光や旅行などに携わっている自治体や各種団体組織、事業者の方々、広くこれらに関心を持って今日の時代を打開したいと願う多くの皆さんに「パワー」を与えるものになることを願ってやまない。

　　2022年残暑の京都にて

編著者を代表して　　陶山計介

地域創生と観光

目次

目　次

第Ⅰ部　地域創生の課題

第Ⅱ部　観光・旅行の課題

序　章 | **地域創生と観光の新地平**
室　博　*Hiroshi MURO*
小菅謙一　*Kenichi KOSUGA*

1. プロローグ

1-1. 2012年、「鹿児島カレッジ」のスタート

　本書の全体像についての具体的な理解を進めるためのプロローグとして、1つの事例を紹介したい。2012年に始まった「鹿児島カレッジ」という取り組みである。それは10年前にスタートし、対象地域を変えながら今日に至っているが、当時の環境変化に適応しながら課題解決に新たな切り口を提示することで、地域創生と観光の双方に一種のイノベーションを起こした取組事例となっている。コロナ禍で激しい環境変化に苛まれる今日、地域創生と観光に必要なイノベーションを創造するうえでの示唆となる。

　2011年は、インバウンド需要も小さく、少子高齢化による旅行需要の低下が問題視されていた。特に「若者の旅行離れ」が叫ばれ、観光庁（2011）は専門の研究会を立ち上げ、若者旅行振興の必要性を訴求していた。一方で、スマートフォンやSNSの浸透が始まった時期でもあり、スマートフォンの位置情報やSNS内での情報発信が、旅行市場にも大きな影響を与え始めていた。それに伴い、情報発信の土台となるアプリの開発が各社で始まった。例えば、位置情報の活用、SNSとのリンク、ID連携を施した鉄道会社のアプリ、JR西日本の「マ

イフェバ」（2022年2月末に運営終了後、現在は、情報発信プラットフォーム「アオタビ」［https://www.jr-odekake.net/aotabi/］に継承）も「グーグル、ヤフー対抗の伏兵」として注目されていた（日経XTREND『グーグル、ヤフー対抗の伏兵、JR西日本がジオメディア競争で「マイフェバ」投入』［2011年07月27日］https://xtrend.nikkei.com/atcl/case/nmg/18/221687/）。さらに、Facebookの普及に伴い、観光客による情報発信、クチコミが、観光市場に大きな影響を持ち始める。

　また、「着地型観光」という言葉が提唱され、着地における地域内連携により地域の魅力は高まったものの、やや画一的な商品開発（B級グルメ等）に陥りがちで、発地側の旅行客にとっての商品の差別化に頭を抱えていた。

　2012年、「産官学連携」のもと、地域外（京阪神）の大学生が若者の目線で地域（鹿児島）の魅力を発掘するとともに、それらにSNS映えする写真やストーリーを付加してSNSで発信する「鹿児島カレッジ」という新たな取り組みが誕生した。この取り組みでは、最終的に参加学生が現地での体験と調査を踏まえて若者目線で企画した旅行プランが「旅行商品化」され、鹿児島への送客に繋がった。

　その背景には、今も変わらない（より深刻化している）人口減少に伴う旅行需要の減少に加え、「若者が旅行しなくなった」という問題意識が強く存在していた。「人口減少」は、地域に住む人の数を示す「定住人口」の減少であることから地域創生の活力の減少に繋がり、観光客数のベースとなる地域外から地域を訪問する「交流人口」の縮小をも意味する。「若者が旅行しなくなった」というのは、仮に人口が減っていない状況下でも「交流人口」が減ることを示しており、この2つの事実は、地域創生・観光ともに厳しい逆風となる。

　例えば、観光庁（2011）によると、国内の観光市場は「ここ数年は大きな動きがなく、ほぼ横ばい」である一方、「年代別の旅行回数を比較すると20代、30代の旅行回数の落ち込みが顕著」であることから、若者に対する旅行振興の必要性が提起された。そのなかで、特に学生の旅行回数の低下が示され（**図表序-1**）、「現在の学生は、他の世代と比較して学生時代の旅行回数が大きく減少しており、将来的な旅行動向に影響を与える可能性がある。」と警鐘が鳴らされた。

　この若者旅行振興の必要性に加え、この取り組みの背景には、2011年3月の

| 図表序-1 | 属性ごとの大学生時代における旅行回数の比較 |

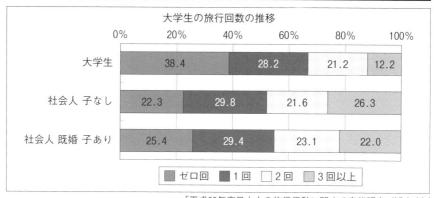

大学生の旅行回数の推移

	ゼロ回	1回	2回	3回以上
大学生	38.4	28.2	21.2	12.2
社会人 子なし	22.3	29.8	21.6	26.3
社会人 既婚 子あり	25.4	29.4	23.1	22.0

「平成20年度日本人の旅行行動に関する実態調査（観光庁）」

出所：国土交通省 観光庁「若者旅行振興の必要性について」（2011年2月14日）（https://www.mlit.go.jp/common/000161444.pdf）

山陽・九州新幹線直通運転開始もある。これにより、京阪神エリアと鹿児島県が3時間45分（当時）で結ばれるようになり、新たな旅行需要が生まれた。ただし、新幹線直通後、シニア層の旅行は増えたものの、若年層の需要は伸びなかった。それは新幹線を運行するJR西日本や地元鹿児島県の共通の悩みであり、観光庁が問題提起する一方で、具体的な解決策は見えていなかった。そのなかで、連携による観光開発を得意としていたJR西日本による「産官学連携」の働きかけが始まった。

1-2. 「鹿児島カレッジ」の成果

「鹿児島カレッジ」の最大の成果は、地域の魅力発掘（地域創生）から旅行需要拡大（観光）への流れをつくったことにある。「鹿児島カレッジ」における地域（鹿児島）の目的は、若者にとって魅力的な観光素材の発掘であった。桜島をはじめとした大自然には恵まれつつも、それらを若者にどう訴求していくべきか、あるいは新たな観光素材をどう発掘すべきか、そのヒントを得たいという地域創生に向けた想いがあった。域外の大学生が実際に現地を訪問し、

若者目線で現地を訪問すると、地元には予期しない魅力が発掘された。例えば、大学生は地元の人にとってはさほど価値を感じていない風景から「楽しい記念写真」の素材を見つけ出す。いわゆる「SNS映え」である。また、友人への情報発信を意識した自身の「体験」を楽しんだ。いわゆる「コト」消費である。

　一方、観光素材の提案に留まらず、それらを京阪神からの旅程に組み込んで旅行プランとして提案させることで若者の旅行需要を喚起できるのでは、という観光目線での狙いもあった。ここでは、旅行会社とも連携することで、学生から旅行会社に向けたプレゼンテーションを通じて、同世代の若者に訴求するための企画力・提案力で競わせる仕組みとした。優秀な提案については商品化するとともに、この一連の営みが、旅行業界への理解を育むキャリアデザインや人財育成に資する取り組みに進化した。

　また、当時は「関係人口」という言葉は存在しなかったが、特定の地域に継続的に多様な形で関わる人の数という意味での「関係人口」も意図されていた。参加学生が地元の人々と触れあい、交流することを通じて、地域が参加学生にとっての「第二のふるさと」となり、持続的な旅行需要の創出に繋がることを目論んだ。

　さらに、情報発信の仕掛けにも新たな切り口を採り入れた。参加学生からの情報発信の土台は当時日本にようやく浸透しつつあったFacebookとした。ここをベースとして、参加学生が鹿児島での観光道中、あるいは鹿児島について調査したこと、興味のあることを発信していく。それは地域の人々にとってのエールとなるとともに、リアル、バーチャルともに繋がりが生まれる。まさに、学生にとっては鹿児島が「第二のふるさと」となり、この取り組みが終わった後も、繋がりのできた人々との出会いを求めて「第二のふるさと」を訪問するようになった。

　地元にとって嬉しかったのは、PR効果である。Facebookでの「いいね！」が10,000人を超えるなど、もともと期待されていたネットを軸としたPR効果に加え、学生が提案した旅行企画が旅行会社によって商品化されることで、南九州に向けた旅行商品パンフが京阪神の旅行会社の店頭に並んだ。また、この取り組みに興味を示したマスコミ（TV、新聞）が特別番組、特集記事で取り上げた。マスコミで露出を高めてネットに誘導するというクロスメディアの取り組

みが、ネットからマスコミという逆方向で展開されることとなった。

　このように「鹿児島カレッジ」は地域創生ならびに観光の双方の切り口で、ステークホルダーにWIN-WINの効果をもたらした。

1-3. 「鹿児島カレッジ」の成功の要因

　2012年に始まった「鹿児島カレッジ」は好評につきその後も継続されるとともに、翌2013年には、北陸新幹線開業を捉え、北陸エリアにおいて「北陸カレッジ」が始まった。この取り組みでは、北陸3県、すなわち石川、福井、富山、の各県順番に、3年連続で開催された。その後「新潟カレッジ」、「瀬戸内カレッジ」と場所を変えながら、常に新たな切り口を取り入れながら成長していくプロジェクトとなって現在に至っている。

　この取り組みはなぜうまくいったのか。それは、地域創生と観光のこれまでの枠組みに捉われない枠組みから新たな価値を創造したこと、言いかえると、地域創生と観光の分野にイノベーションを起こしたことに他ならない。

　この取り組みはHPやSNSの普及という環境変化のもとで、これまで成功していた取り組みをリフレーミング（reframing）した。リフレーミングとは、「物事を見る枠組み（フレーム：frame）を変えて、別の枠組みで見直す（reframe）」という意味であるが、それにより、今まで見えていなかった取り組みが生まれた。

　具体的には以下のとおりである。

〈体制〉
・連携スキーム：鉄道会社は自社エリア内の自治体、ホテル、観光業者と連携→普段は繋がっていないエリア外の自治体、ホテル、観光業者と連携（忌憚のない意見交換が実現）
・観光素材発掘主体：観光素材は地域の人が地元の知識を活用して発掘していた→地域外の人が地域外の目線で観光素材を考えることとした
〈対象客〉
・ターゲット層：旅行需要喚起でのメインターゲットはファミリー層やシニ

ア層であった→若年層をターゲットとした
・お客様参加型：お客様にも企画や情報発信で地域創生に貢献いただけることとした
・お客様と地元との繋がり：観光素材のみならず地元の人々との繋がりからリピーター化が促進された
〈コンテンツ〉
・観光素材：観光の目的となる素材は、地元の有名観光地→観光地を自分が発信するSNSでいかに楽しく見せるか、という自分目線での味付け（写真やメッセージ）と、自分が実地で体験する「コト」を重視
・宿泊先：宿泊先は有名ホテル・旅館→若年層の関心のある民泊も視野に入れた
・観光消費：旅行者に対して地域の特産物の購入を促進→自分が楽しむだけでなく、SNS閲覧者が楽しめるSNS映えする商品の開発
〈プロモーション〉
・告知媒体：鉄道会社では自社媒体、駅や車内のポスター等のいわゆる交通媒体や新聞、提供番組をはじめとしたマスメディアを活用→加えてネット媒体、すなわちHPやSNSも活用
・告知主体：地元・鉄道会社が実施→加えて旅行者がSNSで告知
・告知コスト：告知主体である地元・鉄道会社が負担→加えて旅行者も自身の媒体で負担（当事者意識「自分ゴト化」を醸成）

　他方、このリフレーミングを実行に移すうえでは、さまざまなコンフリクトが生じた。例えば連携スキームでは、鉄道会社が自社エリア外の自治体と組むうえで、当初はコミュニケーションの齟齬もあった。また、HPやSNSという当時は新しい媒体を活用した告知には、告知効果を疑う向きもあった。ただ、これらは杞憂に終わるとともに、前述のとおりHPやSNSによる告知が話題となってTVの特別番組が組まれたり、当時主流だったマス媒体からネット媒体に誘導するクロスメディアの取り組みの逆を行く、「逆クロスメディア」の取り組みとなったりしたことで、コンフリクトがアウフヘーベンされ新たな切り口を生み出し、結果的にイノベーションを後押しすることとなった。

これまで見てきた「鹿児島カレッジ」のケースから、地域創生・観光を考えるうえで重要なキーワードを列挙しておきたい。これらは本書の各章でも詳述されている。

「産官学連携」
「旅行者目線（若者目線、域外在住者目線）」
「着地型観光」「テーマ別観光」
「観光素材発掘（特に体験型）」
「リーダーシップ」
「アートの活用」
「地元ならではの商品開発（消費拡大）」
「関係・繋がりづくり（関係人口拡大）」
「自分ゴト化」
「旅行者のクチコミ拡散（情報発信）」
「ネット（SNS）活用」

2. 地域創生と観光・旅行をめぐる基本概念

2-1. 地方と地域の創生

　国土交通省は「地方」について、「地方とは、三大都市圏（東京圏、大阪圏、名古屋圏）を除く地域」と定義しており（国土交通省総合政策「用途・圏域等の用語の定義」）、中央官庁としては、中央と地方を分けて考える意味合いも含めて、地方という言葉を使っていると捉えられる。一方で、Czamanski（1973）、井原（1983）、Richardson（1979）は、「地域」について、「独立して機能し得るほど十分に包括的な構造をもった国民経済内部における領域（エリア）」と定義するともに、以下のとおり、「同質性」、「結節性」という切り口を示している。また西村（2021）は、地域を「リアルであれバーチャルであれ、当該地域

の人、生活、産業等の固有性や独自性を有した地域資源に基づく共通の一体性をもった等質空間であり、独立して機能できる程度の重層性や重複性を有した経済エリア」と定義するとともに、①都市や地域という空間的な領域にこだわるのではなく、当該地域固有の資源、それも地域活性化に資するさまざまな地域資源に着目する、②地域や都市という区分にはこだわらない、という整理をしている。

　詳細は第1章で述べているが、中央に対する地方ではなく、地域や都市といった空間的な領域ではなく、地域固有のアイデンティティやヒト、モノ、カネ、情報、ブランドといった地域資源に着目して地域を捉える考え方を本書では採用している。

　また、政府が使う「地方創生」という言葉には、「地域」と「地方」という言葉の使い分けにおいて、中央と地方を分けて考える意味合いも含まれているものの、基本的に本書で扱う「地域創生」には政府の言う「地方創生」の意味も含めている。

2-2.「関係人口」への注目

　「関係人口」という概念は、第2期「まち・ひと・しごと創生総合戦略」において、「特定の地域に継続的に多様な形で関わる者」として定義されている（第2期「まち・ひと・しごと創生総合戦略」：2019年12月20日閣議決定）。一方、総務省によれば、『地方圏は、人口減少・高齢化により、地域づくりの担い手不足という課題に直面しているが、地域によっては若者を中心に、変化を生み出す人材が地域に入り始めており、「関係人口」と呼ばれる地域外の人材が地域づくりの担い手となることが期待されている。「関係人口」とは、移住した「定住人口」でもなく、観光に来た「交流人口」でもない、地域と多様に関わる人々を指す言葉』と定義した（総務省HP「関係人口」）。

　関係人口という言葉は2016年頃から提唱され始めたが、その背景として、地方圏において、人口減少や高齢化により、地域づくりの担い手不足という課題に直面していたことが挙げられる。一方で、都市住民の多くの者が、移住以外の方法で農山漁村地域と関わりを持ちたいと考えており、観光やイベント参加

等に関心がある者のほか、地域活動（農作業や祭り等）への参加や地元の人との交流のための滞在、二地域居住を希望する者もそれぞれ１割程度存在していることも分かった（総務省「これからの移住・交流施策のあり方に関する検討会報告書−「関係人口」の創出に向けて−」）。

　そこで、移住した「定住人口」でもなく、観光に来た「交流人口」でもない、地域や地域の人々と多様に関わる「関係人口」が地域づくりの担い手となることに期待が集まった。前述した第２期「総合戦略」では、「関係人口」を地域の力にしていく観点から、その基本目標が見直され、「地方との繋がりを築く」という観点が追加されている。さらに、「副業・兼業、テレワーク、ワーケーションといった多様な形で地域と関わりを持つ都市部の人材が、地域にはない知識・知見を広く共有・活用する等、関係人口は地域ごと、人ごとに多様な形態があるものと捉えることが重要である。」（第２期「まち・ひと・しごと創生総合戦略」[2020改訂版]）と、関係人口の多様化についても触れられており、コロナ禍によるパラダイムシフトに応じて多様化した「新たな関係人口」を創出・拡大していく方向性が示されている。

　ここで地域創生や観光との関連で言うと、観光は本来、定住人口以外の交流人口、関係人口を増やす性質のものであるが、その結果として地域の魅力が向上すれば定住人口の増加に繋がり、地域創生が進むことになる。すなわち、観光で地域を訪れる「交流人口」と地方創生を地域で担う「定住人口」との境目にある「関係人口」という概念の誕生により、地域創生と観光も一体として考えていくことが、より強く求められるようになってきたと言えよう。

　このように、「関係人口」という観点から、地域に目が向けられるなか、政府の地方創生が目指す「東京一極集中への是正」に対してポジティブなデータが出てきた。総務省のデータによると、東京圏（東京、神奈川、千葉、埼玉）への転入超過は2021年が８万441人と前年から約１万7,500人（18％）減少し、２年連続のマイナスとなった（『日本経済新聞』2022年５月４日付）。政府が地方創生を提唱し、東京一極集中の是正に取り組み始めた後も増加していた東京圏への転入超過が、コロナ感染拡大によるパラダイムシフトにより、減少に転じたのである。

　コロナ禍によって観光同様、地方創生を取り巻く環境は大きく変わり、地方

創生のフィールドである、地方の経済・社会は大きな打撃を受けた一方、地方の経済・社会に将来プラスとなり得るパラダイムシフトも起こり始めた。その背景は、テレワークの増加等といった働き方も含めたライフスタイルの変化であり、アフターコロナにおいて地方創生や観光を進化させるためには、これを機に、「新たなライフスタイルに順応した地域創生と観光の方向性」を見定めることが重要であると言える。

3. 地域創生と観光へのコロナ禍の影響

3-1. コロナ前の地域創生と観光

　首相官邸の地方創生HPには、「人口急減・超高齢化という我が国が直面する大きな課題に対し、政府一体となって取り組み、各地域がそれぞれの特徴を活かした自律的で持続的な社会を創生することを目指します。」という冒頭文のもと、これまでの取り組みがまとめられている。

　日本における「地方創生」の取り組みを振り返ると、2014年9月3日に「まち・ひと・しごと創生本部」が内閣府に創設され、同月29日の臨時国会開会の冒頭で安倍首相（当時）が「地方創生国会」と位置づけて、「人口減少や超高齢化など、地方が直面する構造的な課題は深刻」と課題設定するとともに、「将来に夢や希望を抱き、その場所でチャレンジしたいと願う」若者がその危機に歯止めをかける鍵であり、「若者にとって魅力ある、まちづくり、ひとづくり、しごとづくりを進める」と所信表明演説（自民党「第187回臨時国会における安倍内閣総理大臣所信表明演説」）を行った。そして、同年11月21日に「まち・ひと・しごと創生法」（衆議院HP）が成立した。

　この「まち・ひと・しごと創生法」に基づき、「まち・ひと・しごと創生総合戦略」が策定され、地方創生の取り組みが推進された（内閣官房・内閣府HP）。

　この「まち・ひと・しごと創生総合戦略」の第1期（2014年〜2019年）につ

いては、第2期「まち・ひと・しごと創生総合戦略」（2019年12月20日閣議決定）の冒頭、以下のとおり総括されている。

　この間、国においては、地方経済も含めた日本経済の成長戦略をはじめ、一億総活躍、働き方改革、人生100年時代等の取組を通じて、一人ひとりが自らのライフスタイルに応じて、潤いのある充実した人生を送るための環境づくりを積極的に進めてきた。地方においては、農業、製造業、観光等の地域産業の振興や大学・企業の連携によるイノベーションの創出・人材育成をはじめ、コンパクトシティ、小さな拠点等による安心して生活ができる地方をつくるためのさまざまなプロジェクトが展開されてきた。こうした中で、若い世代が地方に住まい、起業をすることで、人生の新たな可能性を探る動きが芽生え、また、副業・兼業や、サテライトオフィスなどの多様な働き方や社会貢献活動などを通じて、継続して地域との関わりを持つ動きも見られる。

　一方、「観光」は、2010年代、外国人観光客の急増等により大きく発展してきた。この進化の状況や特徴は、2019年度の『観光白書』には以下のとおりまとめられている。

　我が国を訪れる訪日外国人旅行者は、その人数が増加しているのみならず、日本の国内における訪問先も年々多様化し、地方部を訪れる訪日外国人旅行者の割合が年々高まっている。その背景の1つとして、訪日外国人旅行者の関心が多様化し、特に地方訪問におけるさまざまな「コト消費」への関心が高まっていることが考えられる。観光消費が地方経済にもたらす影響を考えれば、面的に広げるための地方の魅力への認知度をさらに高める取り組みが望まれる。（中略）他方、訪日外国人旅行者の増加による観光地に与える影響については、日本人の国内旅行に対する観光地の混雑や、宿泊料金の上昇といったマイナス面も指摘されている。

インバウンド4,000万人時代を迎え、日本人観光客に訴求する観光素材を発

掘し交流人口を拡大すること以上に、急増するインバウンド需要にどう対応していくか、がメインテーマとなった。例えば、外国人旅行客が急増した京都では、その増加に伴う混雑をどう解消するか、という新たな課題が提起されるようになった。

　新型コロナウイルス感染症という脅威がなかった2010年代後半は、誰もが政府が目標としていたインバウンド6,000万人の目標達成に向け順調に進んでいくものと考えていたが、2020年に入り、観光業界はコロナショックに見舞われた。象徴的な事象として1つ挙げるとすれば、インバウンド需要で繁忙期には荷物預かり所に長蛇の列ができ、観光客が溢れていた京都駅のコンコースから、2020年のGWには人影がほとんど見られなくなった。

3-2. コロナ下の地域創生と観光

　2020年からのコロナ感染拡大の影響を受けて、2020年12月には「第2期まち・ひと・しごと創生総合戦略」（第2期「総合戦略」）が改訂された。第2期「総合戦略」では、第1期の5年間で進められてきた施策の検証を行い、優先順位も見極めながら、「継続は力なり」という姿勢を基本にし、地方創生の目指すべき将来や、2020年度を初年度とする今後5カ年の目標や施策の方向性等が策定された。また、将来にわたって活力ある地域社会の実現と、東京圏への一極集中の是正を目指し、4つの基本目標と2つの横断的な目標のもとに、各種施策が展開されている（**図表序-2**）。

　このあたりで、地域創生と観光にとって注目すべき変化があった。基本目標が見直され、「地方との繋がりを築く」という観点が追加されるとともに、「関係人口」を地域の力にしていくことを目指すこととされた。

　そういったライフスタイルの変化を踏まえ、2021年6月に内閣官房まち・ひと・しごと創生本部事務局および内閣府地方創生推進事務局から出された「まち・ひと・しごと創生基本方針2021について」では、以下の基本的な考え方が示されている。

　・新型コロナウイルス感染症は地域経済や住民生活になお大きな影響を及ぼ

図表序-2　第2期「まち・ひと・しごと創生総合戦略」(2020改訂版) 概要

【新型コロナウイルス感染症の影響を踏まえた地方創生の今後の方向性】
①感染症による意識・行動変容を踏まえた各地方へのひと・しごとの流れの創出
②各地域の特色を踏まえた自主的・主体的な取組の促進

<国の姿勢>
各地域の自主的・主体的な取組を基本としつつ、
地域のみでは対応しきれない面を支援。

横断的な目標

新しい時代の流れを力にする
○○○地域創生SDGsの推進
○Society5.0の実現に向けた技術の活用など地域の持続可能な課題を解決する地方創生SDGsなど持続可能なまちづくり
○デジタル・トランス...

多様な人材の活躍を推進する
○誰もが活躍する地域社会の推進
○多様なひとびとの活躍による地方創生の推進

目指すべき将来

将来にわたって「活力ある地域社会」の実現

人口減少を和らげる
　結婚・出産・子育ての希望をかなえる
　魅力を育み、ひとが集う
　○地方に住みたい希望の実現

地域の外から稼ぐ力を高めるとともに、地域内経済循環を実現する

人口減少に適応した地域をつくる

「東京圏への一極集中」の是正

基本目標

1　稼ぐ地域をつくるとともに、安心して働けるようにする
　○地域の特性に応じた、生産性が高く、稼ぐ地域の実現
　○安心して働ける環境の実現

2　地方とのつながりを築き、地方への新しいひとの流れをつくる
　○地方への移住・定着の推進
　○地方とのつながりの構築

3　結婚・出産・子育ての希望をかなえる
　○結婚・出産・子育てしやすい環境の整備

4　ひとが集う、安心して暮らすことができる魅力的な地域をつくる
　○活力を生み、安心な生活を実現する環境の確保

主な施策の方向性

1
○地域資源・産業を活かした地域の競争力強化
○専門人材の確保・育成
○働きやすく魅力的な就業環境と担い手の確保

2
○地方移住の推進
○地方創生テレワークの推進
○若者の修学・就業による地方への定着の推進
○魅力ある地方大学の実現と地域産業の創出・拡大
○関係人口の創出・拡大
○オンライン関係人口など、新たな関係人口の創出・拡大
○地方への資金の流れの創出
○企業版ふるさと納税（人材派遣型）の創設

3
○結婚・出産・子育ての支援
○仕事と子育ての両立

4
○質の高い暮らしのためのまちの機能の充実
○地域資源を活かした個性あふれる地域の形成
○安心して暮らせるまちづくり

出所：内閣官房まち・ひと・しごと創生本部事務局、内閣府地方創生推進事務局「感染症の影響を踏まえた今後の地方創生」(https://www.chisou.go.jp/sousei/info/pdf/r02-12-21-gaiyou.pdf)

している一方、地方への移住に関する関心の高まりとともにテレワークを機に人の流れに変化の兆しが見られるなど、国民の意識・行動が変化。

・こうした変化を踏まえ、本基本方針では、①地域の将来を「我が事」として捉え、地域が自らの特色や状況を踏まえて自主的・主体的に取り組めるようになる、②都会から地方への新たなひとやしごとの流れを生み出すことを目指す。これにより、訪れたい・住み続けたいと思えるような魅力的な地域を実現していく。

　この考え方を踏まえると、本章の冒頭でも見たように、『地域の将来を「我が事」として捉える』＝すなわち地域の取り組みを「自分ゴト化」して、自主性や主体性のある新たな取り組みに昇華していけるかどうかが、今後の鍵となると思われる。

　一方、観光はどうか。2020年代の幕開けとともに、世界は新型コロナウイルス感染症拡大の脅威にさらされることになった。特に外出や移動の自粛を余儀なくされたことで、観光業界には大きな危機感が募った。その危機感は、前述の2019年度の観光白書と、2020年度および2021年度の観光白書の表現を比較することで、如実に伝わってくる。

　コロナ前の観光施策は、「外国人が真の意味で楽しめる仕様に変えるための環境整備」（『観光白書2019年度』）といった具合に、急増するインバウンド需要への対応が中心であった。それがコロナ禍で急変し、2020年度の観光白書では、課題が大きく変わったことが見て取れる。例えば、表題を見ると「観光分野における新型コロナウイルス感染症対策」、「新型コロナウイルス感染症終息後を見据えた観光施策」と、新型コロナウイルス感染症という脅威にどう対峙するかが主な課題となった。

　一方、『観光白書2021年度』では、「有名観光地への物見遊山ではない文化や暮らしを体感しじっくり楽しむ滞在型観光」、「旅行会社や交通事業者との連携による時間と場所を分散する分散型旅行」、「行き先が近場に変更された新たな修学旅行向けコンテンツ造成」、「オンラインツアー」といった特徴が示された。またそのなかでは、「需要の変化を踏まえた新たな観光コンテンツの創出」も求められている。

これらを踏まえて、コロナ下における観光における課題をまとめると、

①インバウンド観光客の増加によりこれまでにない成長を遂げていた観光業界は、コロナ感染拡大により、窮地に追い込まれている。
②着地型観光開発、体験を軸とした「コト」による誘客の取り組みは推進途上にあり、「滞在型」、「分散型」、「オンライン」といった新たな特徴も踏まえ、各地にてさまざまな工夫がなされている。
③前述の地域創生の営みと方向性は同じであり、地域創生を通じて、観光客数の増加、さらにはそれによる地域での消費拡大に向けた取り組みを進める必要がある。

　最後に、アフターコロナの環境を占ううえでのデータを紹介すると、まず、航空会社約800社による国際線の座席供給数についてデータを集計するOAGアビエーション・ワールドワイドがまとめたデータによれば、欧州は2022年5月時点で91％とほぼコロナ前の水準に戻ることに加え、米国マスターカード経済研究所の調査によると、4月末の観光目的の国際線予約は世界全体で19年の同期比で25％増となる等、観光需要も急回復している。記事によれば「アジアは回復が鈍い。」とのことだが、コロナ感染状況が欧米並みになれば人の動きがコロナ前の水準に戻ってくる蓋然性は高まっていると言えよう（『日本経済新聞』2022年5月30日付）。

　また、2022年5月末時点で今後国内宿泊旅行を予定している人は29.6％に達し、2020年3月の調査開始以来の最高値となる（じゃらんリサーチセンター調べ）など、国内においても観光需要回復の兆しは見られる。

4. 本書の内容

　本書の第Ⅰ部、第Ⅱ部で紹介する地域創生と観光の各論の全体像を俯瞰するために、「地域・都市のブランド力・競争力強化モデル」（陶山 2017）をもとに、「まち・ひと・しごと」の観点を入れた「地域創生・観光イノベーションモデ

図表序－3　地域創生・観光イノベーションモデル

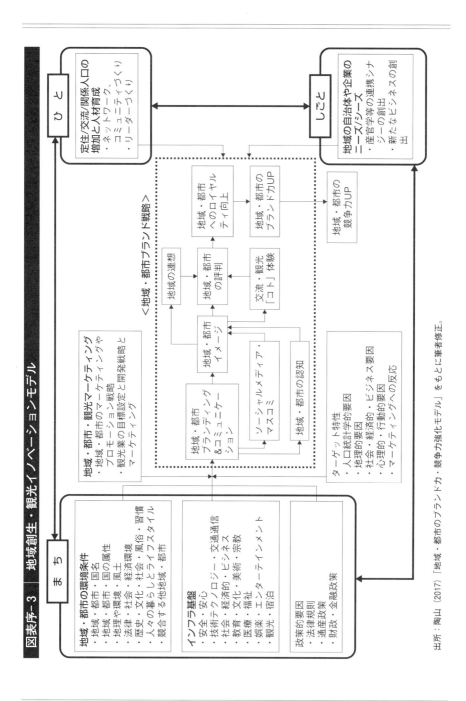

出所：陶山（2017）「地域・都市のブランド力・競争力強化モデル」をもとに筆者修正。

ル」を通して、各章の論点を紹介していきたい（**図表序-3**）。

　このモデルの中心に据えられている「地域・都市ブランド戦略」は、プロモーションや交流・観光コト体験を通じて、地域・都市のイメージ・評判を高め、ロイヤルティ・ブランド力・競争力を高めていくプロセスであるが、地域創生の課題解決に向けたブランド戦略については第1章にて、地域ブランドからコミュニティ、アイデンティティという定義も含めて体系的に詳述され、観光・旅行の課題解決に向けたブランド戦略は、「関係づくり」を軸として第6章において詳述している。

　「地域・都市ブランド戦略」のベースとなるのは「まち」（**図表序-3の左上部**）であるが、その「まちづくり」には、それを牽引する「ひと」（**図表序-3の右上部**）が重要な役割を担うのはこれまで見てきたところである。地域創生という観点では、第4章において、コト発信による京都での地域創生事例をベースにネットワークづくり（ステークホルダーとの価値共創）について詳述している。この共創では双方向性の交流が行われるとともに、関係人口という視点の重要性が説かれている。また、観光・旅行の観点では、第6章において、「ひと」と「まち」とのゆるやかな関係性が「ひと」を「まち」に誘う創造的観光について詳述し、第9章では「まちづくり」におけるリーダーの役割や地域住民・組織との関わりについて詳述している。

　さらに「まち・ひと・しごと」の理念では、「まち」や「ひと」におけるイノベーションを継続するために「しごと」の要素を組み合わせが必要である。すなわち、「まち」の環境・インフラや地域住民、地域への訪問者といった「ひと」に加え、自治体や企業を巻き込んで付加価値を生み出していく、新たなビジネスそして雇用を創出するイノベーションが求められる。この観点では、地域創生の課題に対し、第2章にてアートを活用した手法を、第3章ではJR西日本グループの事例をベースに、地元の企業と住民、自治体が共生していく手法を、第5章では特定のアニメで描かれた場所を訪問する行為を示す聖地巡礼に着目し、聖地巡礼を通じた地域創生を詳述している。また、観光・旅行の課題に対しては、第7章にて、観光映像という手段で付加価値を生み出す手法、第8章では特に着地型観光というテーマにおいて効果的に推進チームを形成する手法、第10章では、映画（コンテンツビジネス）という切り口で官民連携を

促進する手法を詳述している。

　これらの手法を駆使することで、従前は繋がらなかった自治体が実施する旧態依然としたインフラづくりや交通機関が実施する輸送、物見遊山を目的とした観光が、それぞれ進化して有機的に繋がっていく。それに伴い、「まち」と「ひと」間の相互反応が起こり、その反応を高めるための「しごと」の貢献や、その反応による新たな「しごと」の生成により「まち・ひと・しごと」間の好循環が活性化し、地域創生や観光・旅行がアフター・コロナという次代の局面でさらに発展していくことが期待される。

第Ⅰ部　地域創生の課題

第 1 章 | **地域創生におけるコミュニティの構築とブランド**

陶山計介　*Keisuke SUYAMA*

1. 「地域」と「地域創生」

1-1. 「地域」とは

　「地域」と「地方」は重なり、往々にして同一エリアを示す場合もある。『広辞苑』によれば、「地方」は、「中央」の対極にある概念であり、国内の一部分の土地を示す場合もあるものの、「首府以外の土地」、すなわち、首都である東京圏以外の土地を意味する。内閣府では、もう少し狭く解釈し、三大都市圏（東京圏、大阪圏、名古屋圏）を除くエリアとも定義される。

　他方、「地域」は「区切られた土地、土地の区域」（『広辞苑』）、であり、上記の首都圏である「中央」や三大都市圏などの「都市部」をも包含する概念である。

　西村（2021）は、地域を「経済諸活動、地場産業、歴史・文化、伝統行事やイベントなどを捕捉できるような、ある一定の関係性エリア」と定義しているが、「共通の一体性をもった等質空間」、「独立して機能できる」経済エリアというように「独立性」は重要な概念である。

　地域の文化に着目したのは神野（2004）である。地域社会にはそれぞれを包摂している自然と共生した固有の生活様式＝文化が存在すると考える。井原

（1983）は、Czamanski（1973）に依拠しながら、その地域が「独立して機能し得るほど十分に包括的な構造をもった国民経済内部における領域（area）」を意味するとした。あわせて地域の概念には、歴史に基礎づけられた「結合性」（cohesiveness）がしばしば見出される。Richardson（1979）のいう「同質性」（homogeneity）と「結節性」（nodular）、地理学の立場からは木内（1968）のいう一定の拡がりと境界、何らかの「内容（特色）」、隣接の空間から区別される「固有な場所的関係」が注目されている。

　以上をまとめると、地域は、経済的、社会的、文化的、生活面において、その内部における「同質性」、「結節性」と他地域との対比では「差別性」、「独自性」を有する場所であるといってよい。言い換えると地域のアイデンティティである。

1-2.「地域創生」

　地域創生であるが、清成（2010）は、グローバル化、マクロ経済の長期的低迷、少子高齢化・人口減少社会への移行、公的財政の悪化、公・共・私の多様な主体（リーダーや専門家）の老齢化という条件のもとで地域の持続可能な発展ないし振興が求められているとして、これを地域創生と捉えた。その際、地域経済の自立や既存の工業化に見られる「外から」の企業誘致などによる「外生的開発」ではなく、地域の人々の直接的参加やコントロールを含む「内から」、「下から」の「内発的開発」、「内発的発展」を重視した。

　西村（2021）は、地域創生を地域の多様な固有資源を現代的に再編集したり、新たに発掘・育成して磨き上げながら地域社会の活性化や革新に繋げていくものと捉えた。そこでは空間的、時間的、人的、組織的な集積・ネットワークとして当該地域にもたらされる新規性・革新性が不可欠であり、それが地域の生活社会や経済社会の価値変遷と適合していることが必要になってくると述べている。

　これら神野（2004）、清成（2010）、西村（2021）、また植田編（2004）をふまえると、地域創生ないしその課題は次の4点、①地域の精神的・経済的な自立、②自然、環境、地域と共生する持続可能性＝サステナビリティ、③地域主権や

自治を支える公・共・私の３セクターの協力、④地域間連携、に要約される。いずれの課題の実現にも、地域に内在する固有のヒト、モノ、カネ、情報などの資源を「知る」、「磨く」、「語る」プロセスが不可欠となる。そしてその際、地域のアイデンティティをふまえ、それを活かすことが肝要であろう。

2. 地域ブランドとプレイス・ブランド

2-1.「地域ブランド」とは

　地域創生、特に地域の「内から」、「下から」の「内発的開発」、「内発的発展」を進めていくうえで鍵となる重要な考え方の１つが地域ブランドである。ポジティブなイメージのもつ魅力は人や社会を豊かにし、自信や誇りを与え、躍動させる。安心、信頼、感動とあこがれがブランドのもつパワーといわれるが、地域や地方、都市も同様である。

　特許庁『地域団体商標ガイドブック』（2020年）によれば、地域ブランドとは、産品の品質をはじめ、他の地域にない独自性、こだわり、地域全体に感じる魅力、歴史・文化などさまざまな要素を活かしたものであり、その地域ならではの「モノ」や「コト」を活用することで、他の地域がまねできない"真に強いブランド"になることができる、としている。

　地域ブランドのこの捉え方には小林（2016）が言うように、地域産品ブランディングと地域空間ブランディング（place branding）の２つが混在している。

　第１の地域産品ブランディングは、製品・モノやサービスを特定の地域と関連づけてブランディングすることで、その製品やサービスの価値を高める活動である。先の地域団体商標制度に見られるように、ブランディングにおける地域性を付加することで独占的使用権を得たり、品質のばらつきを防止することが試みられる。

　この用法は、阿久津・天野（2007）の「地域の活性化を目的とした，ある地域に関係する売り手（あるいは売り手集団）の，当該地域と何らかの関連性を

有する製品を識別し，競合地域のものと差別化することを意図した名称，言葉，シンボル，デザイン，あるいはその組合せ」と同じである。

第2は、欧米で展開されてきた地域空間ブランディング（place branding）である。これは地域自体をブランド付与対象と見なし、特定地域の経済的・社会的・政治的・文化的発展のために、ビジネスにおいて培われたブランドの知識や技法を地域マーケティングに適用するものである。この場合、ブランド付与対象はplace, nation, country, region, cityと多様なことから、地域ブランドの範囲も異なり、地方自治体などの公的機関、企業、住民など地域空間ブランディング主体も多様かつ錯綜している。さらにブランドとしての地域の公共性から地域名に独占的使用権を設定できない。

いずれのタイプの地域ブランドであっても農産物や加工品などのブランディングによって地域の産品が売れ、産業振興や雇用創出に繋がり、またその過程で地域の知名度やイメージの向上や地域の活性化がもたらされる。

また陶山（2021）が示したように、地域ブランド化による地域そのものの価値上昇が可能になる。地域を背景に「モノ」や「コト」の価値を生み出し、新たな価値をつくり上げることで、教育や福祉、文化、自然環境・景観など、さまざまなものの価値の向上、地域そのものの価値の上昇が図られ、「サステナブルな地域づくり」の核となることが期待される。

2-2. プレイス、プレイス・ブランド：連想ネットワーク、対話プロセスによる価値共創

人文地理学の分野でプレイス（場所）は、「人間の具体的な関わりを通じて，周囲の空間や環境から分節された、個人や特定の人間集団にとって特別な意味を帯びた部分空間」、「分節された意味の空間」をあらわすものとされてきた（人文地理学会 編 2013）。他方、地域は地図にあらわすことが可能で客観的な事象から相対的に区分され把握される。

Tuan（1975；1977）は、経験すなわち、「人間が世界を知るさまざまなモードに対する包括的な用語」に着目し、プレイスをその「経験によって構築される意味の中心」と定義し、具体的には家庭、近所、街、都市、地域、国家をあ

げた。プレイスには位置（location）、空間（space）、地方（local）、土地（land）、地域（region）、領域（area）、また行政区分としても地区、通り、村、町、都市、都市圏、県、国家、所属としても家庭、親族、コミュニティ、さらに風景や景観を示す場合があるなど多義性をもっている。

　ここから若林・徳山・長尾（2018）は、以下の3種類のプレイスの用法を識別した。第1は、地名としてのプレイスである（シティ・マーケティング、PCI/COO［原産国効果］、観光地イメージ）。第2は、マネジメントとしてのプレイス、プレイス・ブランディング（シティ・ブランディング、国家ブランディング、観光地ブランディング）であり、そして第3は、意味としてのプレイス：プレイス・ブランディングである。

　またプレイスは、内面的、社会的、グローバル、そして関係性の観点から捉えられるべきであり、次の8つの性質を備えていると指摘した。①プレイスは分節された意味の空間である。②共同主観的な意味をもつ。③人間のセンス・オブ・プレイスはプレイスに影響を与える。④多様な主体の交わりの舞台。⑤「時間‐空間の圧縮」の中でプレイスの個性化が高まる。⑥人生の軌跡における出会いであり出来事。⑦多様なアイデンティティが混在。⑧プレイスはプロセスであり常に再構成される、というのである。

　Anholt（2003）、Ashworth and Kavaratzis（2010）などによれば、プレイス・ブランドとは、ブランド戦略や他のマーケティング・ツールを場所（町、都市、地域、国など）の経済的・社会的発展のために用いられるもの、「プレイスを視覚的、言語的、行動的に表現した消費者の心の中の連想のネットワーク」であり、関係者の目的、コミュニケーション、価値観、一般的な文化や全体的なプレイスのデザインを通して具現化される。

　したがって、プレイス・ブランディングは、プレイス（場所）とその文化に内在するユニークな特徴や意味のまとまりであるアイデンティティを活用して「ポジティブなプレイスのイメージの形成を促進することで、そのプレイスのブランドを構築するプロセス」（Anholt 2007）にほかならない。その目的は、都市、地方、州などの価値を創造し、それを内外にアピールすることを通じて対内的信用と各種の対外的成果を得たり、当該国や地域の技術・産業上の成果、新鋭工場の建設、有利な関税、熟練した労働力などを賞賛し、そうしたブラン

ド構築によってグローバル市場での競争に対応しようとする点に求められる。

　ここで注目されるのは、Kavaratzis and Hatch（2013）ではブランド共創という考え方が取り入れられていることである。内部オーディエンスの重要性を強調し、ブランディングプロセスをステークホルダー間の対話として捉え、プレイス・アイデンティティはプロセスそのものと見なされている。

3. 地域コミュニティの構築とそのブランディング

3-1. 地域コミュニティの構築

　地域創生、特に地域の「内から」、「下から」の「内発的開発」、「内発的発展」を進めていくうえで鍵となるもう1つの考え方が地域コミュニティである。『国民生活審議会調査部会コミュニティ問題小委員会報告書』（1969年9月29日）は、都市化が進展するなかで地縁的に結合された町内会など地域組織や地域共同体が崩壊し、家庭の役割も弱まってきた結果、自主性と責任を自覚した個人および家庭が生活の場を介して人間としての相互信頼の基盤のうえに、各種の共通目標を実現することが求められるとした。個人や家庭のみでは達成できない地域住民のさまざまな要求を展開する場として、人間性の回復と真の自己実現をもたらすコミュニティに期待が寄せられたのである。

　これを受けて総務省では地域コミュニティの現状や課題について継続的に調査研究を進め、「コミュニティ研究会」第1回研究会（2007年7日）の参考資料では、コミュニティを「（生活地域、特定の目標、特定の趣味など）何らかの共通の属性及び仲間意識をもち、相互にコミュニケーションを行っているような集団（人々や団体）」とし、「共通の生活地域の集団によるコミュニティ」を特に「地域コミュニティ」とした。

　さらに総務省の『新しいコミュニティのあり方に関する研究会報告書』（2009年8月28日）では、地域コミュニティやNPOなど、意欲と能力を備えた多様な主体が地域の課題を発見し解決することを通じて、「公共」を担う仕組みや、

行政と住民が相互に連携し、地域力を創造する仕組みを提起した。

　そもそもコミュニティとはMacIver（1917；1924）が定義したように、「共同生活が営まれているあらゆる地域，または地域的基盤をもったあらゆる共同生活」あるいは園田（1983）による「共同生活が営まれている一定の地域的な広がり、一定の場」に他ならない。

　したがって、コミュニティの基盤ないし成立要素としては、「社会的相互作用」、「地域性」、「共通の紐帯」（Hillery 1955）、「地域性（locality）」、「コミュニティ感情（community sentiment）」（MacIver and Page 1950）、「地域への帰属意識」、「共通の目標」、「共通の役割意識」、「共通の行動」（松原 1978）、「地域性」、「相互作用」、「共通の絆」（羽藤 2019）が挙げられてきた。

　ここではコミュニティ、特に地域コミュニティを「相互信頼の基盤のうえに、各種の共通目標を実現するために形成される地域の人間集団または共同生活が行われる場」と定義しよう。そこには、①地域性、②共通の目標・紐帯、③相互信頼、④社会的相互作用、の4要因がなければならない。

　だとすると、集会所、公園、図書館といったコミュニティ施設などの各種ハードやリーダーの存在も必要であるが、それらに加えて地域住民自身が地域の担い手として自信や誇り、愛着をもつことが不可欠となる。

3-2. 地域ブランド・コミュニティと地域アイデンティティ

　地域社会を豊かにし、そこに住む人々に自信や誇り、愛着を与え、躍動させる、また安心、信頼、感動とあこがれを与える地域のポジティブなイメージや魅力の共有、それがブランドのもつパワーに他ならない。そしてブランドは地域外の人々や企業などにとっても魅力を形成する。また地域ブランドのアイデンティティは先の「同質性」、「結節性」と「差別性」、「独自性」を同時に表象するものともなる。

　ところでブランド・コミュニティは、Muniz and O'Guinn（2001）、McAlexander, Schouten and Koenig（2002）、久保田（2003）、羽藤（2019）らが言うように、「ブランドに対して肯定的な感情を有する人々の社会的関係からなるネットワーク」と定義される。それは必ずしもリアルなネットワークだ

けでなく、インターネットやSNSに代表されるバーチャルなネットワークも含まれる。これらブランドを中核とする多様な展開を有するコミュニティは、ダイアドレベルから三者以上のリレーションシップへと1つにまとまるなかで、より大きなブランド・ネットワーク、すなわち、「ブランド・コミュニティのネットワーク」になる。ブランド間の競争や協調は、ある意味ではブランド・コミュニティのネットワーク間の競争や協調という姿を取る（陶山2002）。

それはともかくブランド・コミュニティは、「地理的制約を伴わない」、「地域から解放された心理的コミュニティ」（Muniz and O'Guinn 2001）に対して、製品やサービス、あるいは企業のブランドではなく、ある一定の空間的広がりをもった心理的コミュニティである地域のブランドを中核にして形成される。地域ブランド・コミュニティは、リアルかバーチャルのいずれかの空間的広がりをベースにしていると考えられる。

そしてAlgesheimer et al.（2005）、Bagozzi and Dholakia（2006）、宮澤（2011；2012）、羽藤（2019）、大森（2020）によれば、地域ブランド・コミュニティのステークホルダーの「同一化」（brand community identification）、仲間意識や一体感をもたらし、また対象となっているのが地域ブランド・コミュニティにおける「らしさ」でありアイデンティティ（identity）に他ならない。すなわち、地域ブランド・コミュニティのアイデンティティと地域内のステークホルダーのそれとが一致しているという感情ないし意識である。

地域ブランド・コミュニティのアイデンティティとは、地域に対してそのブランド策定者が創造したいと思う連想のユニークな集合であり、そういった連想をいかに生活者など地域内のステークホルダーの意識のなかに連想ネットワークとして築き、その地域への居住意向や来訪意向を高めたりすることもできる。

この地域ブランド・コミュニティのアイデンティティの基礎にあるのがブランドの生み出した価値の共有であり、それに対する感情や評価といった心理的関連要因と考えられる。地域ブランド・コミュニティ構築のために必要なブランド価値は、次の4層から構成される。第1に機能価値、第2に情緒的・意味価値（①差別化価値、②同一化価値、③ソーシャル価値）、第3に信頼価値、そして第4に以上の三者をまとめたものとしての自己表現的価値＝ブランド・パー

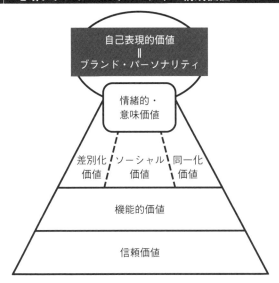

ソナリティである。以上を図示したものが**図表1-1**である。

　そして地域ブランド・コミュニティは、陶山・妹尾（2006）で提起された「ブランド創造都市」と同様、抽象的なブランド・スピリッツから具体的なブランド資源要素にいたる3層の階層構造をもち、それぞれのステージ＝環に沿って編集・構築することが必要となる。第1の層である地域ブランド・エッセンスないし地域バリュー・スピリッツは、地域ブランドの中核をなす価値やエートス（精神）をあらわすものであり、ブランドのアイデンティティや方向性を根底において規定するとともに、地域ブランドの構築を推進する原動力にもなる。

　第2の層は、ブランド・アイデンティティである。ここには地域ブランドの展開方向である5つのパーソナリティ、①刺激因子（おしゃべり、自由、ほがらか、元気）、②能力因子（責任感、決断力、忍耐力）、③安定因子（控えめ、ナイーブ）、④誠実因子（温かみ）、⑤洗練因子（上品な、おしゃれ）がある。地域を通じてステークホルダーが何らかの形で自己実現をはかり、地域とステークホルダーの間の信頼関係を構築することが必要となるが、メタファーとしてのブラ

ンド・パーソナリティは両者の緊張を緩和し、親近感を醸成することによってこの信頼関係の構築と自己実現を促進する。

　このブランド・パーソナリティによって方向づけられる地域のバリュースペースは、大きく、①「めぐりあいと交流」、②「創造と進取」、③「歴史と伝統」、④「人間らしく生きる」の4つに分類される。これは、地域のもつ歴史的パースペクティブ（過去・現在・未来）と空間的パースペクティブ（内部作用と外部作用）という2つのパースペクティブの交錯によって形成され、地域のバリュー＝便益の4パターンをあらわす。

　最後に同心円の一番外側の層は最も具体的な地域のブランド資源である。これには住民の日常世界である生活や医療・保健、教育、風俗・習慣、文化・芸術、歴史や伝統、スポーツ・娯楽、技術と経済・産業・企業活動、法律・政治、さらに観光客や来訪者向けの非日常世界に至る各種の要素が含まれる。地域のブランド創造は、これらのブランド資源要素を発見し、磨きをかけながらそれらを整序して、ある一定のブランド方向に沿って編集・構築することによって地域のバリューが共創される。

3-3. ブランド・ムーブメントによる地域ブランド・コミュニティづくりの3つのポイント

　このような地域ブランド・コミュニティの構築はブランド・ムーブメントを通じてなされる。その際のポイントは3つある（**図表1-2**）。第1は、地域のアイデンティティや価値を的確に活かすことができるかどうか、第2は、それを地域内のステークホルダーとの間のコミュニケーションを通じて共感、共有しながら、さまざまな事業者をいかに巻き込めるか、リーダーシップやイニシアチブの所在である。そして第3は、地域外のステークホルダーに対する地域ブランドの発信やコミュニケーションである。

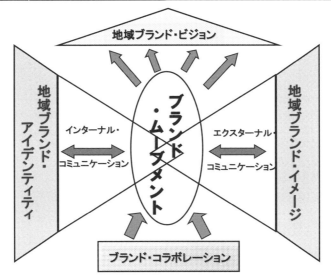

出所：陶山・妹尾（2006）p.64の図を修正して筆者作成。

4. 地域ブランド・コミュニティの構築に向けた3つの戦略：事例

4-1. 地域ブランドのアイデンティティや価値を見極める：大阪の事例

　地域のブランド・アイデンティティ、とりわけブランド・パーソナリティを見極めることが地域ブランド・コミュニティを構築するうえで出発点になる。それを間違えると地域ブランド資源や価値を編集する方向性に狂いが生じたり、地域のブランド・イメージが拡散して収拾がつかなくなる。

　2005年と2018年の2回にわたって大阪の都市イメージを探るために大阪府に居住する20歳〜59歳の男女600名（5年以上居住する）ないし1,200名を対象とした意識調査を実施した。京都、神戸、東京と対比しながらさまざまなブランド・パーソナリティ項目を用いてコレスポンデンス分析すると、大阪のブラン

ド・パーソナリティは、おしゃべり、ユーモアがある、人なつっこい、元気、愛想よい、楽天的、温かいといったワードに示されるように「人間味溢れる大阪」という都市アイデンティティが抽出された。そしてこれは「上品でおっとりした京都」、「おしゃれでロマンティックな神戸」、「現代的な東京」と比べて距離が明確である。しかも2005年と2018年はそれほど変化しておらず、このような都市アイデンティティは安定的・固定的なものと考えられる（**図表1-3**）。

　大阪に今後も継続して住みたいと愛着を感じているいわばロイヤル層が今後の大阪の魅力として期待する「最先端の技術・革新的なものづくり」、「新産業・人間的文化」、「価値共創」に沿ってブランド資源を新たな環境のなかでさらに磨きをかけ、発信することによってブランド・コミュニティの構築を進めていくことが求められよう。

4-2. 地域内のステークホルダーの共感・共鳴に向けたインターナルブランディング：越後妻有の「大地の芸術祭」の事例

　「大地の芸術祭：越後妻有アートトリエンナーレ」は、2000年から3年に1度、2022年度で第8回目が開催されているが、「世界最大級の国際芸術祭であり、日本中で開催されている地域芸術祭のパイオニア」といわれる。過疎高齢化の進む日本有数の豪雪地、新潟県の越後妻有地域（＝大地の芸術祭の里）という農業を通して大地と関わってきた「里山」の暮らしが今も豊かに残っている地域で、大地の芸術祭実行委員会が主催、NPO法人越後妻有里山協働機構が共催し、総合ディレクターを北川フラムが務める。「人間は自然に内包される」という基本理念のもとに約380点の作品が広大な里山全体に点在する展示方法が採用されている（https://www.echigo-tsumari.jp/about/）。

　大地の芸術祭はさまざまなアート作品を楽しむだけではなく、地元住民の「おもてなし」も魅力の1つである。芸術祭関連のパンフレットやガイドマップを無料で配布したり、飲料や野菜、お菓子、おにぎり・スイーツなどの提供、編み笠等の民芸品、特産物の販売や地元の料理の提供などを行っている。

　「大地の芸術祭　越後妻有アートトリエンナーレ2018」の際における地域の「おもてなし」の1つである千手神社（川西エリア）では冷たいお茶やお菓子、

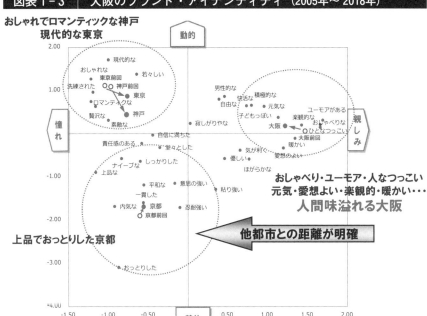

図表1-3　大阪のブランド・アイデンティティ（2005年〜2018年）

おしゃれでロマンティックな神戸
現代的な東京

おしゃべり・ユーモア・人なつっこい
元気・愛想よい・楽観的・暖かい…
人間味溢れる大阪

他都市との距離が明確

上品でおっとりした京都

出所：陶山・妹尾（2006）p.97の図を修正して筆者作成。

野菜料理などを用意するとともに千手神社の成り立ちや、K107国松希根太の作品の背景となった昔の賑わいなどについての話も聞くことができる。観光客は地元の歴史や文化、風土について住民との交流ができるだけでなく、そのプロセスで住民自身も地域やその良さについての理解を深める契機になる（https://www.pref.niigata.lg.jp/sec/tokamachi_kikaku/1356899845438.html、https://www.pref.niigata.lg.jp/sec/tokamachi_kikaku/1356900164207.html）。

　北川フラム（2010）や本書第2章が示しているように、低予算、ほぼ全員の反対からスタートしたこの大地の芸術祭がここに至るまでには住民とアーティスト、サポーターとの苦闘があった。2018年の『総括報告書』が指摘しているが、県内における経済波及効果は、65億2,800万円であり、548,380人の来訪者などが消費した支出額は36億3,400万円とおよそ8割が来訪者によるものであ

る。交流人口の増加による地域内外の交流とコラボレーションが地域経済の活性化と住民の意識変革をもたらしたことは間違いない。

　もちろん、この芸術祭への投資の反面、地元住民からすれば病院や道路などのインフラの整備が遅れたり、参加集落は増えているが関心の薄い集落や参加したことがない地域住民も少なくないという状況が見られる。「作品設置により景観が損なわれた」、「余計な仕事が増えた」、「冬季の雪処理に困る」などの不満も一部寄せられているという。

　「人間は自然に内包される」というコンセプトないしアイデンティティをもつ「越後妻有 大地の芸術祭」という地域ブランド。越後妻有という場所（place）、集落にこだわった作品の展示形式を守りながら、約3割といわれる熱意のある集落と未だ関心の薄い集落（同じく3割といわれる）の溝をいかに埋め、より多くの集落や地域住民が芸術祭に関心をもち、その趣旨に賛同し、アーティストとともに作品づくりに参加し、楽しむことができる形を検討したり改善することが求められている。玉木（2022）やThe Japan Times（2021）も示すように、自治体、行政や北川フラムが代表を務めるアートフロントギャラリー、越後妻有里山協働機構、芸術祭のサポーターであるこへび隊のスタッフが一丸となり集落をサポートし、先進的な集落の事例紹介や事業説明会の開催方法などの再検討を通じて地域住民に対するコミュニケーションをはかっていかなければならない（図表1-4）。

4-3.　地域外のステークホルダーに対する共感・共有に向けた戦略：エクスターナルブランディング

　2016年4月14日、16日に発生した熊本地震は、内閣府によれば同年7月14日時点で、死者55人、負傷者1,814人、物的被害は、全壊約8,300棟、住家被害計が16万棟、道路・鉄道・空路が一時不通になるなど、大きな被害をもたらした。

　さらに2020年7月豪雨によって熊本県の球磨川流域で河川の氾濫や土砂崩れなどを含む甚大な人的・物的被害が発生した。熊本県内の犠牲者は65名にのぼり、浸水や家屋倒壊が発生し、約1,020ha、約6,110戸が浸水被害を受けた。

　地震と豪雨からの創造的復興を両輪に「新しいくまもと」を創造するという

出所：筆者撮影（2017年8月22、23日）。

難題が熊本県に課せられた。「すまい」の再建、阿蘇へのアクセスルートの回復、熊本城の復旧、益城町の復興まちづくり、被災企業の事業再建、被災農家の営農再開など「創造的復興に向けた重点10項目」を策定し、その加速化を図ってきた結果、「第2期熊本県まち・ひと・しごと創生総合戦略〜新しいくまもと創造に向けて〜」（2021年3月）や熊本市によれば、約99％に当たる4万7,000人が住まいの再建・確保、JR豊肥本線の全線運転再開、熊本城の天守閣復旧など、被災者の生活再建支援、インフラ・施設及び農水産業の復旧、地域経済の回復と活性化などで成果を上げてきている。

　このような熊本の復旧・復興を支えたのは、国や自治体の物資供給や避難者

支援などだけでなく、国をはじめ県外からの物心両面でのさまざまな復興支援があったことは間違いない。

　復旧・復興に対する支援活動のうち寄附・募金や支援物資の提供、ボランティアは時間的な経過とともに減少していくが、被災地産品の購買や観光支援は逆に増加する。2017年に阿蘇エリアなどを訪問した際、阿蘇神社復興プロジェクトの商品である「蛍丸サイダー」（阿蘇・岡本）、手づくりの馬肉を使った「馬ロッケ」（阿蘇とり宮）、オイルに野菜の機能性をプラスした「プラスオイル」（肥後製油）などの地元産品についてそれぞれインタビューしたが（8月28日〜30日）、そうした産品の購入が熊本を知り、震災に負けず、熊本を盛り上げ、復興への鍵となるというのが関係者の声であった。これらは地元と観光客・旅行者をつなぎエクスターナルブランディングを行う「点」である。

　寺村・森田・島谷（2017）は、情報・感情・空間を共有できる「場」の設置がコミュニティの復興に効果的であるとしながら、住民側に立った復興支援、内外の人材の人間関係の構築や情報共有の必要性、被災者と支援者の関係性を密にする地域内外とのつなぎ役としてのコーディネーターの役割を指摘した。

　エクスターナルブランディングの「場」の1つとなるのが「道の駅 阿蘇」である（**図表 1-5**）。そこでは季節の野菜や果物をはじめ、精肉や乳製品、スイーツ、手作りのお弁当など阿蘇の特産品が豊富に品揃えされている。同時に阿蘇プレミアムコーナーは阿部牧場のASO MILK、ひばり工房のウィンナーソーセージなど商品の中でもコンクールで高い評価を得たものなどをお客様と直接話しながら魅力を伝えている。さらに「ASO田園空間博物館」やそのネットショップでは、おすすめ旅スポット、グルメ、イベント＆季節のおすすめなどの情報発信を積極的に行っている。

　東日本大震災以降、生活者の価値観やライフスタイルにおける共生意識とコミュニケーションが改めて重要となっている。地域産品の味・品質や製品自体ももちろんであるが、それらに付属しているストーリーや話題性、生産者の想いなどの「コト」を付加することで、熊本ブランドに対する認知と親近感の醸成、熊本復興応援意識と産品購入意向をさらに高めることが期待される。

出所：中村一平氏撮影（2017年8月28日）。

5. おわりに

　3年に及ぶ新型コロナ禍の中で発出された緊急事態宣言やまん延防止等重点措置のもとで国内外における「ヒト」の行動規制がもたらした弊害を打破し、地方や地域で暮らす人々の疲弊と苦難の打開と経済社会の活性化が求められている。地域がそれぞれの価値や特長を活かしながら、地域ブランド・コミュニティを再建し、エリアや空間のもつ価値の共創と魅力の発信、地域をまたぐ交通・通信や観光・旅行、産品やサービスの魅力向上など、ヒト、モノ、カネ、情報の相互交流、定住人口と交流人口、両者を統合した関係人口の増大、他地域との交流を図りながら、他方で地域の競争力を構築し、自律的かつ持続的な成長を実現するロードマップを描くことが求められている。

　本章ではさまざまな地域の捉え方を紹介してきたが、地域創生は「まち」・

「ひと」・「しごと」の好循環を構築することが不可欠である。地域の「内から」、「下から」の「内発的開発」、「内発的発展」を進めていく原動力は地域ブランド・コミュニティに他ならない。地域ブランドのアイデンティティをベースにしたコミュニティの構築と地域内外のブランディングやコミュニケーションによってそれは可能になることを大阪、新潟越後妻有、熊本阿蘇の事例は示唆している。

　「体験」と「交流」を通じた地域におけるブランド・コミュニティの構築と価値創造、いいかえると地域の住民・企業・団体・組織と観光客・来訪者がそれぞれ期待する日常世界および非日常世界のブランド資源を発見し、磨きをかけ、それらを固有のアイデンティティに基づきながらストーリーを用いて『コト』ベースでブランディングしていくことが地域の魅力に繋がり競争力を高める手段となる。

　もちろん地域創生は一朝一夕でなし得るものではない。地域を元気にし、地域の定住人口、交流人口、関係人口を含む地域内外のステークホルダーにとって創造的な地域ブランドの創生は欠かせないが、さらにそれに沿った実体としての地域創生を着実に進めていくことが課せられている。

第 2 章 ｜ アートが拓く、人と地域の可能性

佐藤友美子　*Yumiko SATO*

1. はじめに

　コロナ禍にあって少子化は止まるところを知らず、高齢化が進む地域の人口減少には歯止めがかからない。国や自治体は、その解決の為に沢山の施策をこれまで用意してきた。毎年の予算には少子化対策や高齢者向けのさまざまなプログラムがある。市町村合併も積極的に進めてきた。しかし、残念ながら、それらが効力を発揮し、事態が改善された、地域の人たちが元気になった、という話を聞くことはほとんどない。

　国の施策に振り回され、時代に取り残されたような地域であっても、自分の住んでいる土地に愛着と誇りをもって、前向きに生きる人たちがいる。2021年秋、コロナ禍で会期が延びた奥能登国際芸術祭が開催された石川県珠洲市に行き、その思いを強くした。金沢からバスで3時間かけて、漸く辿り着いた本州最小人口の市、珠洲の現代アートを巡る旅である。珠洲に蓄積された文化の豊かさ、自然の強さ、人の明るさ、温かさに出会い、次回も友人を誘って必ず来ようと決めた。ここで繰り広げられているアートは、美術館に飾られるような単体で成立する作品ではない。アーティストが地域の生業、祭り、歴史等に学び、地域の人たちの協力を得て創り上げたサイトスペシフィックアートと言われるものだ。

　初めてサイトスペシフィックアートに触れたのは2006年、新潟県で開催され

た第3回の越後妻有大地の芸術祭を訪ねた時である。アートを求めて山や畑を巡り、地元の人の笑顔に癒された経験は強烈で、後に佐藤・土井・平塚（2011）で出版した「つながりのコミュニティ　人と地域が『生きる』かたち」の1つの事例として取り上げさせていただいた。その後も2010年に始まった瀬戸内国際芸術祭、そして今回の珠洲など、時間をつくり芸術祭を訪ねるようになった。アートによって、人と人が出会い、人と地域の新たな関係が生まれ、それが地域の活力にもなっている。訪れる人にとっても観光地を訪れるのとは違った感動や発見がある。芸術祭には特別な何かがあるに違いない。

　総合プロデューサー北川フラムは「田舎の人たちの力になりたい」という。ではどうしたら力になれるのか。本章では2000年に始まった越後妻有大地の芸術祭を中心としつつ、2010年からの瀬戸内国際芸術祭、2017年北アルプス国際芸術祭、奥能登国際芸術祭の4つのトリエンナーレを取り上げ、北川が仕掛けた、地域の人たちが元気になる仕組みを探ってみたいと思う。資料としては実行委員会によって丁寧にまとめられ、それぞれの芸術祭のホームページに掲載されている総括報告書と、1つ1つの作品や関わった人たちに拘り、芸術祭毎に出版されている記録集を用いることとした（**図表2-1**）。

　また、公共政策としての意義を問う視点や、地域づくり、地域文化観光などの先行研究にも目配りをし、4つのプロジェクトに共通する考え方、仕掛け、今後の課題等を示し、地域創生を考えるヒントとしたい。

2. 4つの芸術祭が問いかけるもの

　4つの芸術祭の詳細をここでは紹介することはできないが、**図表2-2**に大まかな経緯と結果についてまとめた。北川は雄弁で、多くの書籍も出版している。前出の資料とそれらから、地域の人をアートで元気にするキーワードを導き出してみたい。

出所：筆者撮影。

2-1. アートのためではなく、地域再生のために

　今回取り上げる4つの芸術祭は地域の実情も規模も違うが、高齢化、人口減少という課題を抱え、何とかしなければいけない、という思いがある点では一致している。まず芸術祭の誕生の経緯を見ていきたい。4つの芸術祭で共通するのは、自治体の長が責任者となって、地域全体を巻き込んで行っていることだ。決断する自治体の長、実行に移す立場の役所の職員、参加を決める市民や集落の人たちまで、さまざまな葛藤があるはずだ。議会の承認や市民の理解を求めるという面倒で時間のかかるプロセスを経ることなくしては、実現は覚束ない。しかし、このハードルの高さが、可能性を拓き、新しい価値を掴むため

図表 2-2 ｜ 北川フラム 4 つのアートプロジェクト概要

タイトルと概要	コンセプト・開催目的等	内容
越後妻有大地の芸術祭 2000年〜 新潟県十日町・津南町 2018年 7/29〜9/17 51日間 訪問者54万8,000人	人間は自然に内包される ・交流人口の増加 ・地域情報の発信 ・地域の活性化	・日本有数の豪雪地帯であり、人口減少と過疎化に関わる越後妻有であるが、信濃川の恵みを受け、1500年にわたり農業を通じて大地を耕してきた景観・生活・文化に四季の変化を超えるテーマを展開する「ニューにいがた里創プラン」のアートを皮切りに、平成の市町村の大合併した行政主導で、10年間の補助金事業として始まり、予定から1年遅れで2000年に第一回が実施された。広大な広さの里山を巡り、149のサイトスペシフィックな作品があり、大きな話題に集落での広がりをみせている。初期の頃は、空き家や廃校などのサポートをはじめ多くの公共的な空間で作品として展開されることが多かったが、現在では高額な参加者が増え、16万名を超えることになる。自主的に取り上げられ、アーティストと地域の人たちとの協働が実現し、都会の若者や企業とのコラボの人々を惹きつけた。現在では海外からの訪問者もいることが第一回からの訪問者もいる。現在では海外からの訪問者も重きを重ねている。第1回に参加する若者が増え、都会の若者の支え手の高齢化が今後の課題。常設展示が行われており、2022年の第8回は開催日数が100日を超える。若手サポーターも増えている。通年化のためのメンテナンスと地域の支え手の高齢化が今後の課題。
瀬戸内国際芸術祭 2010年〜 香川県・岡山県島嶼部 2019年・春・夏・秋 107日 訪問者118万人	海の復権、島の元気 第1回 アートと海を巡る百日間の冒険 第2回 アートと島を巡る瀬戸内海の四季 第3回 アジア・世界との交流、食、独自性の発信	・瀬戸内海は、静かな自然の景観もしくは、交流文化を運ぶある文化として栄えてきた。しかし、海という閉鎖性から、産業廃棄物の処分場、ハンセン病の隔離施設などに使われてきた時期があり、島の活力が失われ、本来、海が育んだ福武總一郎の動きが豊かという強い思いから、瀬戸内海の若者を舞台とする芸術祭は始まった。瀬戸内国際芸術祭をきっかけに、香川県出身の若手職員の活躍もあり、第1回から93万8,000人が訪れる。島の人たちは地域の誇りと自信を取り戻し、島に移住する人も増え、学校が復活するなどの動き、島リターン・Uターンで、第1回から40代の女性が6割。食に力を入れ、アジアとの協働を視野に入れた活動が始まっている。期間中は船の増便等があり、それ以外の時期は便数も限られ、島内の公共の移動手段も少ないなど、島からでは普段行かない場所を訪ねてアート作品を見つける楽しみもある。問題が多いなど観光客の悪い観客の増加が今後の課題もある。
北アルプス国際芸術祭 2017年〜 長野県大町市 2021年コロナ 大幅に短縮 訪問者2万6,000人	信濃大町 食とアートの廻廊 水・木・土・空 ・現代アートを媒介して大町市の魅力を国内外に発信する ・交流人口の流動、交流を促し、地域を元気にし、地域づくりに取り組む ・地域の参加による地域づくりに取組む ・地域の消費を拡大し地域を元気にする誇りとする	・松本と日本海を結ぶ「塩の道」の中間地点であり、交通要衝の地であり、山岳観光都市として栄え、交易を通じて発展した。しかし、高速交通グループの末発で過疎化が進み、移住者獲得に力を入れている。市民グループによる地域づくりへの勉強会が始まり、2015年に大町市長の決断によってスタート。過激な反対運動が行われていた市の第一回の結果はメディアで開催された実行委員会によって実行委員会が発足。行政が反対する好循環を出すという好循環の成果があった。ボランティア登録者607人、内市民が206人、収入が支出を上回るなどの成果があった。サポーター登録者は全体の半数がリピーターで、呼ばれる形で住民が行くという好循環も生まれている。来場者の満足度も高く、市民自身が作品を訪ねて普段行かない場所を見つける喜びも生まれている。
奥能登国際芸術祭 2017年〜 石川県珠洲市 2020+として2021年 9月4日〜11月5日 63日間 訪問者4万9,000人	最涯の芸術祭 美術の最先端 ・地元に対する誇りや愛着の醸成 ・交流人口の拡大 ・地元の雇用拡大	・日本海に突き出た半島の珠洲は、古くから大陸と繋がり、北前船の航路として栄えた。歴史や文化に独特のものが残る地域であるが、北前船に代表される海の交通、各地の交流で多様な風景、10の地区のコミュニティなど豊かな風景が残る。一方1975年より日本に人を呼ぶ商工会議所や県議会議員の熱心な誘致活動に対し、原発の施設を断り続けていた。商工会議所が2003年の凍結決定により原発見学を契機に引き受けることになり、市の中心となりビジネスクラブ、オール珠洲の実行委員会などにより、現地見学、珠洲再興の実行委員会が発足。鉄道は廃線になり、市内の総来場者は5万4,000人、4つのツアーバスが走るなど、地域の魅力を「おくノトビ」プロジェクトとして発信している。第1回の総来場者数は6万8,000人を超え、サポーター登録者数は430人。4つのツアーバスが走りやすいところは芸術を受け継ぎ、地域ではSNSの発信を行っている。

出所：総括報告書、記録集を参照し筆者作成。

には、必要だったように思えてならない。

　まず越後妻有大地の芸術祭の事例を紹介したい（以下の本章における越後妻有大地の芸術祭は、越後妻有大地の芸術祭実行委員会2001、北川フラム［2005；2010；2014；2015］、北川フラム／越後妻有大地の芸術祭実行委員会［2007；2010；2013；2016；2019］、大地の芸術祭・花の道実行委員会東京事務局［2004］などを参考にした）。開催地域の面積は762km^{2}と東京23区より広く、地域を廻るための交通手段もない。新潟市からは90km離れ、東京からは新幹線、ほくほく線経由で１時間50分の距離にある。平地はほとんどなく、冬季は2mを超える雪の降る豪雪地帯である。

　「大地の芸術祭」は平成の大合併を意識した行政主導でのプロジェクトをきっかけに始まる。新潟県は、122市町村を13の広域圏にまとめ、それぞれの地域でソフト事業（建物を建てるだけでない、地域の取り組み）を行うことを計画し、10年間に最大５億円を用意した。プロジェクトの担当者である県庁職員の渡辺斉がファーレ立川のパブリックアートを視察し、1995年の秋、「まちづくりをパブリックアートのようなものを使ってやりたい」と北川を事務所に訪ねた。その後、渡辺の案内で北川は当該地域を廻り、無謀とも思える計画に参加することになる。それが1996年新潟県の「ニューにいがた里創プラン」の中の十日町地区のプラン「越後妻有アートネックレス事業」であった。

　行政主導の「ニューにいがた里創プラン」は市町村の垣根を超えた広域的連携（フルセット主義からの脱却）、地域住民の主体的参画、地域の独創的な価値の創造をミッションとしていた。それを実行に移すための調査段階で渡辺は地域を廻り、「どうせだめなんだ」、「仕方がない」など住民のあきらめの境地を知り、心の過疎からの脱却が最大の課題だと気づく。目の前に問題があっても、誇りや、未来に対する夢や展望があればいきいきと暮らしていけるのではないか、という思いから、アートネックレス構想をまとめていく。その構想の具体化を模索するなかで、出会ったのが北川フラムであった。北川の参加により、棚田の美しい中山間地帯に世界からアーティストを招聘し、この地のために制作したアートを巡るという夢のような計画ができ上がる。現代アートを使うという企画は、地域の人達からは大反対を受けることになり、計画の実現に向けて2,000回の説明会が行われ、第１回の大地の芸術祭が開始されたのは、予定

より1年遅れ、プロジェクトに着手してから6年目であった。渡辺は第2回の記録集（2004）に「我々行政でまちづくりを担当している者は、多額の税金を使い公共事業をやってきたが、経済効率や整備率などにとらわれがちで、果たして本当にそこに住んでいる人々の幸福に繋がることを、地域に生きる力や感動、達成感を生むようなことをやってきたのか（中略）深く反省し、そして再考させられた」とその時の気持ちを記している。

大地の芸術祭は、現場の担当者の気づきと問題意識から始まり、地域の人たちを元気にしたいという北川の思いが1つになり、反対する人の多い中、なんとか実現にこぎつけている。作品をまとめて、来訪者が楽にアートを見られるようにして欲しい、という要求にも屈することなく、アートは広い地域に点在し、人はアートを求めて越後妻有を廻ることになる。そのおかげで、越後妻有の美しい風景や、親切な集落の人にも出会うことができる。

瀬戸内国際芸術祭は、香川県県庁の若手職員からの提案により、2006年から準備が始まり香川県知事を実行委員会会長として2010年に開催する（香川大学瀬戸内圏研究センター［2012］、北川フラム・瀬戸内国際芸術祭実行委員会［2010；2014；2017；2020］、福武總一郎・北川フラム［2016］、椿・原田・多田［2014］、瀬戸内国際芸術祭実行委員会［2022］などを参照）。

北アルプス国際芸術祭では、2012年の市民グループの勉強会の活動が下地になり、2015年に市長の決断で決まり2017年に実施に至る。北川フラム・北アルプス国際芸術祭実行委員会（2018）には反対運動はすさまじく北川が開催を危ぶんだとある。

奥能登国際芸術祭は、2012年から始まった珠洲市の商工会議所を中心とした粘り強い説得に北川が折れた形だ。最後は市長の進退を賭けた決断があり、漸くスタート地点に着き2017年に開催される。実行委員長である珠洲市長の泉谷満寿裕が北川フラム・奥能登国際芸術祭実行委員会（2018）に、「『奥能登国際芸術祭』は単なるイベントではなく、『運動』であると考えています。自己実現と地域貢献が混然一体となった珠洲市で暮らすことの幸せを多くの人に解っていただきたい。『奥能登国際芸術祭』は、さいはての地から、人の流れ、時代の流れを変えていく運動」と覚悟の程を記している。鉄道の廃線や廃止になった保育所を使った作品からも、地域創生という大切な使命を担っていること

出所：筆者撮影。

とを感じることができる（**図表2-3**）。

　アートの祭典を行うのが目的であれば、スポンサーを見つけ、思いを同じくする人たちで実行すればよい。ベネッセ会長の福武總一郎のような資金力があれば、ベネッセアートサイド直島（https://benesse-artsite.jp/）のようにつくればよい。しかし、それでは社会を改革する運動にはならない。税金を使って実施するので、行政トップの覚悟、職員の意識、議会だけでなく、地域住民の理解が必要になる。合意形成のための手間と時間がかかる。しかし、本物の変革のためには、安易に妥協せず、信念をもって取り組む姿勢こそが必要なのだろう。そのプロセスの煩雑さと要する時間の長さに耐える中で、大切にすべきもの、めざすべきものが明確になる。芸術祭をアートイベントで終わらせない企みに学ぶところは多い。

2-2. 多様な協働のカタチ

　芸術祭で忘れてはいけないのが、こへび隊やこえび隊、おおへび隊などのサポーターの存在である。多様なチームや個人が、企画から、運営、ガイド、広報、資金集めなど、さまざまな活動に関わっている。北川（2005）の「希望の美術・協働の夢　北川フラムの40年」の冒頭に「協働としての美術」という文章がある。その中に「地域（この場合、越後妻有）は、そこに通う都会人や若者にとって、自らの再生にとって必要な場所なのだ。それはまた、越後妻有の人々にも、わずかずつであるが伝わっていき、人々を元気づけ、動かしていく」、「里山のもつ場の魅力や、農業がもつ力（治癒力、土地保全力、食の魅力）を、地域と都市との交換、協働によって復活し、高めようとする活動だった。そこから見えてきたものは、地域、世代、ジャンルを超えた協働こそが、閉塞した私たちの社会の開口部になりえるのではないかという展望だった」とある。そして北川が感じたとおり、協働の輪は広がり、深化を続けている。

◉──（1）他所からくるサポーター

　越後妻有のこへび隊、瀬戸内国際芸術祭のこえび隊は芸術祭では知られた存在である。特に越後妻有において、こへび隊は立ち上げ期に大きな力を発揮した。開催の前、雪の越後妻有に入り、集落の家々を丁寧に訪問、その活動によって住民の理解を得ることができたという話が語り継がれている。こへび隊は10代から80代までの主に首都圏からの参加者である。特筆すべきは「規則もなく、リーダーもなく、メンバーは流動的」という型破りなチームであることだ。こへび隊という名称も自分たちで決め、ボランティアとは言わずサポーターと名のる等、自立しつつ協働する新しい形を見ることができる。規約もないので、登録していても祭りだけに来る人もいれば、「人生、これ命」という人まで、意識の幅も相当広い。そんな緩い組織が大きな芸術祭を最前線で推進していたのだ。第１回の記録集に「情報は全員に伝えることと、一人ひとりに責任のある仕事をもってもらうこと」、「予定どおり進んだことは一度だってない。そのたびに挫折を味わい、『これ以上出来ない』という言葉を100人ぐらい

からは聞いた」とある。都会から来たこへび隊が、宿舎らしい宿舎も何もない
ところから、自ら仕事をつくり出し、活動していく様子が綴られている。47人
の手記「こへび隊の軌跡」はまさに汗と涙の成長記録である。第1回の登録者
数は800人、活動延べ人数は9,440人、一時期伸び悩んだこともあったが、第7
回の登録者数は2,742名、会期中の延べ活動人数は4,573名である。第7回の特
徴として海外からの参加が増えたことがある。観光としての魅力以外の何かが、
そこにはあるのだろう。アート観光というジャンルも確立しつつあるが、もう
一歩進んだ動きとして注目される。

　新潟県内のファンの立場で応援する「にいがたサポーターズ会議」も、自主
的、主体的な活動を地道に行っている。また第2回の会期に越後妻有を訪れ共
感したベネッセコーポレーション会長の福武總一郎が手助けを申し出、東京在
住の文化人や財界人を中心とした大へび隊が生まれた。こへび隊とは一味違う
物心両面からのサポートを行うようになり、資金集めや企業とのマッチング、
ふるさと納税の導入などで力を発揮している。

◉──（2）地元のサポーター

　住民が作品づくりに直接係ることも少なくない。越後妻有では2003年の「盆
景−Ⅱ」では砦のような土壁の制作に集落総動員で関わり、新田和成「ホワイ
トプロジェクト」では集落の人が作った刺し子の入った白い布1万2,215枚の
布を繋げ、人と人の心を繋ぐ作品を完成させた。作品だけでなく、作品のない
集落では、こへび隊の宿舎の世話や賄いを担当するなど、地域の人の協力、協
働なくして大地の芸術祭は成り立たない。

　2015年にアート作品として始まった「車座おにぎり」や地域おもてなし事業
補助金を活用し、地域が自発的に行う活動も展開されている。千客万来事業補
助金では地域の独自パンフレットの作成、ワークショップや地域行事など、特
色ある交流が好評で、地元の活動になっていく道筋も少しずつではあるが、で
きつつある。地元のサポーターの存在も、組織的なものだけでなく、いつの間
にか受付に座っている。作品の案内をしている。そんなお年寄りがいるのも芸
術祭の面白さである。

　作品作りに協力した人、ガイドを務めた人、来訪者をもてなした人の満足感

や達成感はとても大きく、集落内のコミュニケーションも盛んになるなど結果がでている。しかし、毎回の総括報告書にある実行委員会のアンケートを見ると、地域のなかには、割り当てられたから参加し、仕方なく協力している、という人も一部にはいる。参加していない地域で、否定的な意見が一定数いるのも事実である。関わり方の違いによる評価の違いは、当然のことではあるが、少しでも多くの人が、集落に作品がなくても芸術祭に関わることができる機会や仕組みづくりは、実行委員会でも、心を痛め、常に模索されている。

　一方で瀬戸内国際芸術祭では、地元企業を中心とする団体でのボランティア参加や、家族づれや高校生の参加が増え、地元を中心とする子どもたちがサポーターとして活躍する姿を見ることも多くなっている。住民だけでなく企業の参加や、地域内での世代交替が行われており、自然な形での協働の広がりといえるだろう。

◉──（3）役所のサポート

　地元でありながら違う役割を担っているのが自治体職員である。新潟県は2009年第4回から、芸術祭の自立に向けて産業労働部観光局交流企画課に支援のための担当参事を置き、多くの助成金・補助金を得るなど、行政の役割を果たしている。また地域の人たちが主体的に関わるための「地域おもてなし補助金」を新設するなど、地域への資金援助も行うようになった。

　役所の職員が学生や地域の人に協力を呼び掛けるだけでなく、自分たちができることを探すという動きも出てきている。役所が手を出しすぎると、役所にやってもらえば良い、という雰囲気が出るのでは、と危ぶむ声もあるが、「北アルプス国際芸術祭2017」記録集の冒頭に北川が、人手不足のためサポーターに期待ができない中で、市の職員ほぼ全員が芸術祭に関わることになり、さまざまな人との出会いのなかで、面白さに目覚めた市職員の創意工夫は見事だったと、高く評価している。

　役所だからできること、役所で全体を見てきたからわかることもある。地域や来訪者とのより近い関係も生まれるであろう。個人的な経験であるが、珠洲で上手なガイドさんと思ったら、市役所の人で、産業と絡めたアートの話は、とても興味深く、楽しいものだった。

◉──（4）小括

　大地の芸術祭は、アーティストと地域の人たちだけでは到底成り立たない。芸術祭を成立させるためには、北川が会長を務めるアートフロントギャラリーのような専門家も必要だが、さまざまなサポートや支援が必要になる。アーティストと地域を繋ぐコーディネート役から、受付や交通整理など日々の運営にあたる沢山の要員、外部資金を集めてくることも必要になる。裁縫や塗装など、日常あたり前にやっていることが作品作りに生き、アーティストのサポートになることもある。

　協働のカタチは多様である。芸術祭のサポートの間口は広く、誰にでも、何がしかの手助けができる。それぞれが、自分のできることを見つけ、楽しみながら創意工夫し、周囲の人を巻き込んでいく。作品を見に行った先で、地元の方からお接待を受けた時の気持ちは、作品のインパクトと同じ位、印象に残っている。地元の方にとっては、楽しそうに話かけてくる訪問者の存在が元気の源かもしれない。

　アートを媒介として、言葉を交わし、楽しみを感じ合う。時には苦労も批判もあるだろう。しかし、小さくても接点ができれば、新しい展開が期待できる。芸術祭の協働は、契約関係があるようなものではなく、緩やかなものである。だからこそ、創意工夫も個性も発揮される。その素晴らしい事例が芸術祭には無尽蔵と言ってよいほど存在している。

2-3. 心に響く、腹落ちするコトバを見つける

　自治体の長の決断で、実行することは決まる。しかし議会で承認され、市民に納得してもらうためには大変なエネルギーが必要だ。

　最初の越後妻有の2,000回の会合のように、初めての土地で、初対面の人たちに理解してもらうための努力は並大抵のものではない。度重なる会合の積み重ねで、熱意にほだされ、任せてみようという気持ちになる。丁寧な説明も大事だろうが、説明を聞いても何もないところから生まれる世界を想像するのは容易なことではない。ここでは、4つの芸術祭に掲げられたコンセプトワードに注目したい。

越後妻有では「人間は自然に内包される」、瀬戸内では「海の復権、島の元気」、信濃大町「食とアートの廻廊　水・木・土・空」、そして珠洲では「最果ての芸術祭、美術の最先端」である。北川は引き受ける決断をする前に何回も地元に入り、歩きまわる。奥能登芸術祭においても、実行委員会ができるまでの1年半に現地に何度も赴き、「異なった宿泊所に泊まり、祭りとヨバレも何回か経験しました」という。

　絵空事でも、企画の使いまわしでもない、その地ならではの、人の心を捉える言葉を見つけることはサイトスペシフィックアートの芸術祭にとっては、作品を作るのと同じくらい大切なことであろう。それを強く感じたのは北アルプス国際芸術祭「食とアートの廻廊」に最後に付け加えられた「水・木・土・空」という言葉である。「食とアートの廻廊」は具体的な活動の目標ではあるが、地域全体を思い起こさせる言葉でも、大切なものをイメージできる言葉でもない。北アルプスを端的に表わす言葉である「水・木・土・空」が加わることで、実際に関わる人だけでなく、多くの人の思いを繋ぎ、訪れる人にも強烈なメッセージとなっているのである。

　副題としては時には「環境」や「食」、「学び」というような時代に合わせたテーマも必要になるだろう。しかし、芸術祭には地域の人と訪れる人の心を掴む、普遍的で魅力的なコトバを見出す努力、センスが必要であろう。イベントのタイトルではなく、必要なのはその地域を皆がイメージすることのできる言葉ではなかろうか。

3. さまざまに論じられる芸術祭

　大地の芸術祭は新しい試みであったこともあり、始まる前にはこれほど人を集め、話題になると考えた人は少なかったであろう。大方の予想に反して、多くの人の関心を集め、地域の人たちにも支持され、瀬戸内国際芸術祭、北アルプス、奥能登の開催へと繋がっていった。しかし、現在でも評価が定まっているわけではない。

　まずは、アートの視点から、アートとしての価値を問うという藤田（2016）

は、社会問題の解決のきっかけとして使われるアートに対して批判的な立場である。アートそのものの質や独自性が保たれるのか、むしろ有用になることに対してアート本来の価値がなくなるのではないかという危惧も示している。熊倉・中津・アートプロジェクト研究会（2015）には、「市民の創造性も、単にアーティストの作品に回収されてしまえば、労働と化してしまう。また、それはあるコミュニティの全員がプロジェクトへの参加を駆り立てられるという逃げ場のない状態をつくりかねないだけでなく、参加する一般の人たちが思考停止に陥り、アートに問答無用の価値を見いだし、狂信してしまう危険性もはらんでいる」と指摘している。一方で「アートプロジェクト的な手法は、市民社会のなかにおける個々の意識を少しだけ覚醒し、ボトムアップ的な形で社会認識のイノベーションを起こす契機となる可能性をもっている」点を評価している。

　観光の視点から、橋本（2018）は観光客という視点から論じ、大衆観光客との違いを「よく知られたものを『確認』に来る大衆観光者の姿ではもはやなく、地域の人々が紡ぎ出す『ものがたり』を探し求める『地域文化観光者』なのである」と結論づける。今後の課題として地域文化となるためには土着化が必要と説く。

　地域づくりの視点からは、大地の芸術祭の主催県の新潟大学の澤村 編（2014）は、アートイベントとしては経済効果、社会的な効果も認められ、地域振興の成果があった、としたうえで、公共政策としては、最適であったのか、住民参加の議論が行われていれば、住民には理解しにくい現代アートは選ばれなかったのではないか、地域の抱える課題の解決になっているかは不明である、と結論づけている。しかし、編者あとがきに、大地の芸術祭を経験したことで、アートに対する見方がコペルニクス的に変わった経験を吐露している。「現代アートは不合理の極致である。が、それらを見たいと思い、見ればえるものがあり、満足する。つまり効用が発生するのである。その効用は、単に瞬間的なものではなく、持続的なのだ」と、学術的立場とは違う、意見を書き記していることを紹介しておきたい。

4. 解決すべき課題

　北川フラムが監修した4つの芸術祭はどれも経済効果という面では、収入が支出額を上回っており、成功といえる。一方で、目標に上がっているにもかかわらず、十分達成されていない課題もある。また年数を重ねたことで表出してきた問題もある。

　まず地域のお年寄りの笑顔を持続させるためには、3年に1回のイベントに満足するのではなく、日常化と自立が必要になる。現実には2020年からのコロナ禍で充分な交流はできず、文化的活動もこれまで以上に難しくなっている。担い手の高齢化という課題もあるなかで、2022年の第8回「大地の芸術祭」はコロナ禍での人の集中を避ける意味もあり、これまでの50日余りの会期を大きく上回る6カ月145日を目指しており、通年化に一歩近づくことになる。これまでも開催期間以外に、冬の越後妻有の企画を打ち出すなど、さまざまなトライアルを行ってきた。春から秋までの季節の変化を楽しむことで、より深く地域や人と関わることになれば、通年化に一歩近づくことになる。第8回がその一歩になることを期待したい。しかし、地域の高齢化は進み、芸術祭の担い手が不足している状況にあり、長い会期が負担になる可能性は十分にある。

　すでに問題となっているが既存アート作品の老朽化、メンテナンスの問題が高齢化の進む集落や地域に今後ますます重くのしかかる。屋外のアートは手入れをしなければ、当然朽ちる。日々の手入れは地域でできても、修理や本格的なメンテナンスは地域外の人たちの手も必要になる。地域に任せておくだけではなく、全体の問題として考える必要も出てきている。

　新しい課題として第7回「大地の芸術祭」にインスタ映えスポットとして清津峡渓谷トンネルが多くの人を集め、他の地域の人出が減ったということが起こっている。訪れる人が増えるとアートを楽しむ人だけでなく、観光気分で来る人も当然増え、地元の人との軋轢も十分に考えられる。観光客の多い瀬戸内国際芸術祭ではマナーやごみが常に総括報告書に上がっている。話題になれば、当然観光客も押し寄せる。アートを楽しむ場、という芸術祭のブランドを守りつつ、より多くの人に楽しんでもらう工夫も必要になるであろう。

問題は山積だが、総括報告書を読むと、当事者だけでなく来訪者へのヒアリングやアンケート等緻密な現状分析がなされており、常に最善を目指してPDCAを回し、改善を続けている姿勢が読みとれる。特に芸術祭を最初に行った越後妻有は、すべてが新しい体験のうえに、規模も大きいので情報量も多く、参考になる資料となっている。次々と生まれる問題を解決しようとする姿勢、努力が次の一歩への原動力となっている、とも言えるだろう。

5. アートが拓く、人と地域の可能性

　芸術祭には、地道だけれど、確かなヒントがある。立場や意見の違う人を結び、大きな目的を実現するのは容易ではない。葛藤もあるが、多様だからこそできることもある。それを証明しているのが25年を紡いできた芸術祭である。地域が活性化するには、一人ひとりの能力（パーソナル・キャピタル）がどのように見出され、地域全体の活性化（ソーシャル・キャピタル）に繋がっていくのかを見る必要がある。

　今回調べた４つの事例からは、外からアーティストやサポーターが入ることで、地域の人たちが見失っていた価値が顕在化され、自らも参加することで、訪れる人たちとの交流が始まり、そこに暮らす人が元気を取り戻していくというプロセスを読みとることができる。しかしそんな綺麗ごとだけで済むわけはない。常に状況は変化し多くの問題が渦巻いていることは創造に難くない。他方で大変なことばかりではない。越後妻有では、第５回から開催地を「大地の芸術祭の里」と名乗り、「越後妻有交流館」を「越後妻有里山現代美術館」に変えることが実現した。そのことを、北川は「当初掲げた地域再生、自立——の出発点に辿り着いたように思える」と遠慮がちに書き記している（第５回記録）。15年を経て、漸く１つのブランドとして確立したのである。国際的にも注目を浴び、北川の方法論が開発途上国でも可能かというパイロットプロジェクトを世界銀行が、スリランカで始めている（アートフロントギャラリーHP［2022］）。

　もちろん、この成功を維持し、育てていくのは容易なことではない。北川やアートフロントギャラリーという専門家に頼るのにも限界がある。北川は越後

妻有の第7回記録集に「作品数は1,000を超え、パフォーマンス、イベント、ワークショップ等を500回開催しているだろう。そして多くの施設、作品を管理している。地元の人々も歳をとった。私たちにも無理が出てきている。弱音を吐き、ギブアップしたいと思うことも多くなり、この25年近くを振り返ってみた。そこで見えてきたのは、再度いうことになるが、実に多くの人々が一所懸命関わってきてくれたことだ。改めて反省をした。私たちは管理しようとしてしまっているのではないか。もう一度、美術と土地が好きな人を探そう。そういう人たちがつないできてくれたのだから」という言葉で結んでいる。

しかし、希望はある。これから特に可能性を感じられるのは、食の分野である。陶芸作品に囲まれた空間で、食事が提供される越後妻有の「うぶすなの家」は地域にしっかりと根づき、地域の女性たちに仕事を提供した。瀬戸内では特に食に力を入れ、「瀬戸内『食』のフラム塾」を開催するなどにより、地域の人たちの自立を促している。豊かな食材を活かす食のプロジェクトは、アートとの親和性も高く、日常化、自分事化という課題の答えとしても、訪れる人とのコミュニケーションアイテムとしても期待されるところである。

自立の一歩として、外からのサポーターに期待するだけでなく、地元のサポーターを育てるために、地元の中学生への働きかけも始まっている。奥能登では、東京での広報活動に頼るのではなく、地域のスタッフが直接発信をできるような仕組みやノウハウの移転も考えられている。SNSの時代だからこそ、中央でコントロールするのではなく、地域が自走する日も近い。

また1994年に北川が関わりパブリックアートを導入して竣工したファーレ立川は、「まち全体が美術館」を標榜し、もうすぐ30年になる。自主的にガイド活動をするファーレ倶楽部が1977年に設立され、2005年には全体の企画、修復のための管理委員会ができ、2016年に2回目の大規模修復がなされた。多くの人の力を集めて、まちとしてパブリックアートを守って行こうとする姿勢が鮮明である。一人では無力だが、地域の人が協働すれば。行政も動き、多くのことが可能であることを証明している。

先のことを考えつつ、今、目の前にある課題に目を向けて、できることを持ち寄り、切磋琢磨すれば、少しずつでも前に進み、新たな展開も不可能ではなくなる。多様な人が出会い、協力すれば、思った以上のことが実現する。その

ことを実践してきたのが、芸術祭である。

　北川フラムが引っ張ってきたこれまで、コロナ禍を乗り越え、この先はどうなるのか。今後の展開を含めて、日本で生まれ、育った芸術祭はまさに地域創生のヒントの山である。

第 **3** 章　「地域共生」視点からの地域づくり
──JR西日本のケース──

多田真規子　*Makiko TADA*
内山　興　　*Ko UCHIYAMA*

1. JR西日本における「地域との共生」概念の登場

1-1. 「分割民営化」後の経営の転機

　JR西日本は、「鉄道の再生」を掲げた旧国鉄の分割民営化により発足した旅客鉄道会社6社のうちの1つとして、1987年4月1日に誕生した。1996年の株式上場、2001年のJR会社法改正法の施行、2004年の政府保有株式の完全売却をもって、JR西日本は名実共に純民間企業として経営されている。

　1990年代当時の日本の総人口、特に都市部の人口は増加傾向にあり、経営改革とあわせ、鉄道路線の延伸などを含めた輸送サービスの改善により、全体としてはまだまだ移動需要の増加を見込める状態にあった。

　しかし、2000年代に入ると、主に地方部における人口減少が一層進み、2008年を境に日本全体の人口も減少に転じるなかで、基幹事業である鉄道事業自体は成熟期に入り、中長期的な経営の方向性も大きな転機を迎えることとなった。

1-2. 「地域との共生」概念の登場

　JR西日本グループの中期経営計画で「地域との共生」の用語が最初に登場

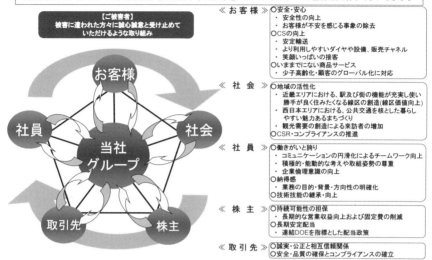

図表 3-1　JR西日本がステークホルダーに提供・共有する価値

私たちは、長期的視点からステークホルダーとの調和を図ることにより価値の好循環を生み出し、全体としての価値拡大（プラスサムの価値実現）を目指し、その成果をステークホルダーの皆様と共有してまいります。

【ご被害者】
被害に遭われた方々に誠心誠意と受け止めていただけるような取り組み

≪ お 客 様 ≫
○安全・安心
・安全性の向上
・お客様が不安を感じる事象の除去
○CSの向上
・安定輸送
・より利用しやすいダイヤや設備、販売チャネル
・笑顔いっぱいの接客
○いままでにない商品サービス
・少子高齢化・顧客のグローバル化に対応

≪ 社 会 ≫
○地域の活性化
・近畿エリアにおける、駅及び街の機能が充実し使い勝手が良く住みたくなる線区の創造（線区価値向上）
・西日本エリアにおける、公共交通を核とした暮らしやすい魅力あるまちづくり
・観光需要の創造による来訪者の増加
○CSR・コンプライアンスの推進

≪ 社 員 ≫
○働きがいと誇り
・コミュニケーションの円滑化によるチームワーク向上
・積極的・能動的な考えや取組姿勢の尊重
・企業倫理意識の向上
○納得感
・業務の目的・背景・方向性の明確化
○技術技能の継承・向上

≪ 株 主 ≫
○持続可能性の担保
・長期的な営業収益向上および固定費の削減
○長期安定配当
○連結DOEを指標とした配当政策

≪ 取 引 先 ≫
○誠実・公正と相互信頼関係
○安全・品質の確保とコンプライアンスの確立

出所：「JR西日本グループ中期経営計画2008-2012見直し」より。

するのは、2010年10月に公表された「JR西日本グループ中期経営計画2008－2012見直し」である。ただ、同計画のストーリーを紐解けば、「地域との共生」の考え方が、単に人口減少社会の深度化がもたらす外部環境としての社会的価値変化によるものだけではなく、JR西日本の内部環境としての経営の考え方の変化によるところも大きいことが見てとれる。

　例えば、この計画の冒頭の「見直しの背景と目的」には、2005年4月25日に引き起こした福知山線列車脱線事故や2008年秋のリーマンショックに伴う景気の急激な悪化、また高速道路料金無料化などの新たな社会政策が、経営の方向性転換の契機となった旨の記載がある。同時に、「長期的な持続可能性に経営の力点を置きつつ」という表現や、「ステークホルダーに提供・共有する価値」が提起されたことには注目してよい。**図表3-1**が示すように、「私たちは、長期的視点からステークホルダーとの調和を図ることにより価値の好循環を生み出し、全体としての価値拡大（プラスサムの価値実現）を目指し、その成果

をステークホルダーの皆様と共有してまいります。」との記載は、昨今の企業経営において叫ばれるようになったSDGs（持続可能な開発目標）やCSV（共有価値の創造）の価値観を先取りしていたとも言えよう。

2. 事業戦略としての「地域との共生」の開始

2-1. 37歳の松江駅長の誕生

　先の「中期経営計画の見直し」の策定・公表後の2011年7月、37歳の駅長が島根県の松江駅に誕生した。当時の日本全国最年少の駅長であり、県庁所在地の駅長を30代の若さで務めることは異例で、地元でも注目を集めた。ただ当時の駅長は市内、市民に開かれたイメージはなく、社内でも駅長には列車の運行の安全と駅設備の管理業務以外に特段期待される役割は一義的にはなかった。

　しかし、市内で開催される数々のイベントにゲストとして駅長が参加する機会が増えたり、松江駅構内にイベントスペースを新設して市民の情報発信活動を支援するにつれ、「市民に開かれた駅（長）」としての役割がクローズアップされるようになった。駅長や駅社員のマスコミへの露出機会も増え、松江駅自体についても、単なる列車の乗降を目的とした場所という位置づけを超えて、松江市の中心拠点として市民が集い情報発信のための活動をする場所としての認知が市民の間に広まるに至った。2013年1月発行の『松江市報』新春号の巻頭特集には松江市長と駅長などとの対談が掲載され、同年3月の松江駅へのスターバックスコーヒーの山陰初出店は、当日の地元のトップニュースだけでなく、全国のメディアでも報道されるほどの話題を集めた。

　もちろんこうした松江駅長の "スタンドプレー" とも見える活動には、"社を挙げて" とも言えるバックアップ体制もあった。JR西日本米子支社は、2012年3月、JR西日本としては初めてのケースとして、地域の主要銀行である山陰合同銀行との「地域振興に関する業務協力協定」を締結した。そしてそれ以降、松江市、松江商工会議所、島根大学、鳥取県・島根県とも、地域振興

にかかる包括的な連携協定が締結されていくことになる。例えば、地元の催事開催に向けた相互協力や、地域振興策の策定・実施に向けた協働などといった地域課題の解決を具体的に実行し、以降の鉄道会社による全国各地での地域連携協定締結の先駆けとなった。

2-2. 松江支店の設置による「地域共生モデル」のパイロット展開

　松江駅長の活動が市民に広く認知される一方、当時、JR西日本の山陰における営業拠点は、鉄道オペレーションから見た交通結節の重要拠点である「米子（支社）」という、鳥取県・島根県のいずれの県庁所在地でもないところに所在していた。そこで、松江駅長のそれまでの対市民的活動、すなわち改札口の外側を向いた活動について、列車運行にかかるオペレーション業務と切り離し、事業戦略としての地域共生戦略を、山陰地域を対象に、より具体的な活動として推進していくため、2014年2月に「地域との共生」のみに特化した業務機関として「松江支店」を発足、当時の駅長がそのまま「松江支店長」へ異動することとなった。

　2014年2月といえば、ちょうど、特別な寝台列車、のちの「TWILIGHT EXPRESS 瑞風」の計画着手を公表した時期にあたる。「TWILIGHT EXPRESS瑞風」は、JR西日本が推進する「地域との共生」を列車の形で具現化させた象徴的な役割を期待されており、具体的には、列車内で提供される食事類や、搭載する調度品には、この列車が走行する沿線の特産品がふんだんに活用され、またお客様が列車を降りて立ち寄る観光先には、これまで全国的には知られていないが地域の造詣がとりわけ深い場所を意識的に選び、また停車駅等での地域住民とのふれあいの機会を大切にしている。すなわちこの列車は、JR西日本が地域の皆さんと一緒にキュレート（絞り込み）した貴重な地域資源に関する情報を、国内外から来訪する富裕層のお客様に向けて積極的に発信する役割を負う列車として構想された。したがって、松江支店長の最初の具体的な使命は、おのずと、この列車に関連づけるべき山陰地域の特産品や調度品、またお客様の観光の対象としていただくための、地域の人にしか知られていない、歴史文化の蘊蓄を、地域のキーパーソンのもつ情報を手掛かりに発掘して

いく活動となったのである。

　他方で、中期経営計画に掲げた「地域との共生」を体現するための松江支店長の概念的な役割は、「地域の一プレーヤーとして地域にとけこみながらも、地域のなかで課題を抽出し、その解決を地域のキーマンと一緒に推進していく」という、いわば、地域応援団の中のまとめ役として社内外からの求心力をもつ存在となることが期待された。そこで、「松江支店長」の名に替えて、JR西日本が何を展開しようとしているのかが山陰地域の住民からも分かりやすく、また話題性も喚起することを企図して、「山陰いいもの探県隊・キャプテン」と名づけ、「キャプテン」が地域の皆さんに呼びかけ、地域の課題を抽出してとりまとめそれを解決していく体制を「探県活動」と称し、具体的には地域資源の発掘や情報発信を軸として、JR西日本と地域による協働事業としての活動が進められた（「山陰いいもの探県隊」HP［https://www.sanin-tanken.jp/］を参照）。

2-3. 山陰エリアにおける活動の定着と山陰地域振興本部の発足

　具体的な「探県活動」としては、地域の各界の著名人で構成する「探県隊員」が持ち寄った地域ならではの情報を、JR西日本が運営する公式HP、岡山〜出雲市間を運行する特急列車「やくも」号に備置する季刊誌「グッとくる山陰」などを通じて発信するほか、「山陰いいものマルシェ」を山陰エリア内外で開催することで、地域産品に関する発掘と情報発信、販路の拡大を推進した。

　「山陰いいもの探県隊」を中心とした地域課題の解決活動は、いわばJR西日本と地域とが協働したキュレーション（絞り込み・編集）活動であったと言える。地域課題の対象となる事柄はさまざま存在しうるが、課題解決の主要プレーヤーとしてJR西日本がキャプテン的役割を果たしていくのに最も適する課題として、街づくりや観光振興などの分野に絞り込み、その解決のために生かしていける地域資源を絞り込み、編集し、対処していく方策をとった。加えて、JR西日本グループがプロジェクトを牽引することで、鉄道という、全国に向けたネットワーク力と情報発信力が効果的に発揮されるのが有用と思われる課題を意識的に抽出していったため、解決の出口が必ず存在していた。

ところで、西日本エリアのなかでも、「地域との共生」戦略のパイロット展開の場所が、「なぜ山陰だったのか」という疑問をもたれるかも知れない。山陰地方は、JR西日本の営業エリアの中でも特に人口減少率が高く、また地域交通の利用の減少度合からも維持・継続が容易でない路線が多い。一方、山陰は神話のふるさと・日本のルーツといわれ、また新幹線鉄道が通じていないなか、歴史、文化、自然において全国的に知られていない貴重な資源が数多く残り、観光振興による交流人口や関係人口の拡大に期待をかけたいエリアと言える。2012年には古事記編纂1300年、2013年には出雲大社の60年ぶりの遷宮などのイベントもあり、2014年の「増田レポート」の公表（日本創生会議による全国の消滅可能性都市の公表）に至って、山陰は、地域創生に向けて"待ったなし"で時流に乗るべき理由があったと言えよう。

　「山陰いいもの探県隊」の活動はやがて軌道に乗り、2014年に「まち・ひと・しごと創生法」が制定されて以来、地方創生にかかる国内各地の活動が世間から脚光を浴びるようになってからは、マスメディアによる情報発信のほか、講演会・シンポジウムなどでの露出機会も多く、山陰地域に限らず社内外で広くその活動を知られるようになった。また地域共生戦略のパイロット展開の拠点であった「松江支店」は、2016年6月にJR西日本米子支社の組織改正に伴い「山陰地域振興本部」としてより機能を拡充させ、現在に至っている。

2-4. 「地域との共生」取り組みの西日本エリア各地への波及

　このように、山陰地域（米子支社）において始まった「地域との共生」の取り組みであるが、前述の「JR西日本グループ中期経営計画2017」において、グループの「めざす未来～ありたい姿～」として、鉄道を社会基盤として持続的に運営し、安全で豊かな社会づくりに貢献するという使命を果たすことに加え、『地域共生企業』になる」ことが宣言された。すなわち、地域の皆様との交流と連携を深め、JR西日本グループ一体でエリアに即した事業を展開することにより、鉄道サービスの品質を高めるとともに、非鉄道事業の拡大と新たな事業創造を促進し、地域の活性化に貢献することを、グループ全体の目標として掲げたのである（図表3-2）。

これを受けて、JR西日本グループの各エリアにおいて鉄道運行を担っている各「支社」の役割として、「地域との共生」が明確に加えられることとなった。例えば、岡山支社においては「ふるさとおこしプロジェクト（本部）」が、また広島支社では「山口支店」など、地域共生を担う組織が発足した。ただし、地域によってその置かれている状況は異なることから、組織のあり方についても各支社に任せられ、各々の地域において特徴のある取り組みが展開されていくこととなった。

　岡山支社による「ふるさとおこしプロジェクト」は、岡山・備後エリアの「いいもの」について、掘り起こし・選定・事業連携という継続的なサイクルを構築することにより、「交流人口の拡大（観光）」や「地産品等のビジネス拡大（物産）」を通じて、地域活性化と発展に貢献し、地域とともに成長することを目指す取り組みである。地域にある「いいもの」とは、品質などそのものの良さ、そこにしかない稀少性、物語性があることの3つの要素を含む価値と定義している。

　プロジェクトの進め方として、これらの「いいもの」を親しみやすい地元の言葉も交えて「えぇとこ」（観光地の景色など）、「えぇもん」（工芸品など）、「うめぇもん」（食材・飲料・ご当地料理など）の3つのジャンルに分類し「あっ晴れ認定委員会」という第三者の目を通して推奨する「ふるさとあっ晴れ認定」の活動を、2015年5月の第1回から継続的に実施している（2021年11月には第13回）。さらに認定された「いいもの」は専用HPなどで紹介するほか、事業者の皆様およびエキナカビジネスを進めるグループ会社（ジェイアールサービスネット岡山）と連携して岡山駅構内のセレクトショップ「せとうちCUBE」での試行販売などを経て、新たな商品開発・ブランディング・販路拡大を推進して地域ビジネスの規模拡大に貢献している。その活動の中でオリジナルブランド「JR PREMIUM SELECT SETOUCHI」として販売し、好評を得ている（「岡山・備後のいいものを全国へ―ふるさとおこしプロジェクト」HP［https://jr-furusato.jp/］を参照）。

経営ビジョンを具体化するため、

「めざす未来〜ありたい姿〜」を新たに掲げ、

これからの時代の「新しいJR西日本グループ」を実現していきます。

1．「私たちの使命」を果たします。

社会が成熟していく中、JR西日本グループは、「安全」「CS」とそれを支える「技術」にこだわり、鉄道を社会基盤として持続的に運営する使命を果たすとともに、安全で豊かな社会づくりに貢献します。

(1) 安全
○お客様を安全に目的地までご案内するとともに、業務に携わる誰もが大怪我や死亡に至ることがないよう、安全のレベルを着実に向上します。

(2) CS
○お客様のニーズにお応えする価値（安全やサービス）を継続的に提供する「顧客起点の経営」により、顧客満足を向上します。

(3) 技術
○「安全」「CS」を支える「技術」の革新により、安全性と利便性をさらに高めます。

2．「地域共生企業」となります。

地域の皆様との交流と連携を深め、JR西日本グループ一体でエリアに即した事業を展開することにより、鉄道の品質を高めるとともに非鉄道事業の拡大と新たな事業創造を促進して、地域の活性化に貢献します。

地域との共生を通じ長期持続的に成長する「エリア経営」を実現することで、2030年時点で連結売上高1兆4,000億円をめざします。

(1) 新幹線
○将来にわたり経営の柱として JR西日本グループを牽引し、人々の交流の促進を通じて西日本地域の活性化に貢献します。

(2) 近畿エリア
○安心・信頼の鉄道輸送と生活関連サービスを機軸に、暮らしを豊かにする「価値」を提供し、豊かな近畿エリアの創造に主体的な役割を果たします。

(3) 西日本各エリア
○持続可能な地域交通のあり方を地域の皆様と検討するとともに、地元自治体や企業などと連携し、JR西日本グループ一体で「エリアに即した事業」を展開することで、「地域に欠くことのできない存在」となります。

(4) 事業創造
○生活関連サービス事業のさらなる成長と新たなエリアでの展開に加え、新たな事業分野への挑戦により、人々の快適な生活と社会の発展に貢献します。
　さらに、海外展開も視野に入れながら、JR西日本グループの持続成長に資する事業の「新しい柱」を確立します。

出所：「JR西日本グループ中期経営計画2017」より。

3. JR西日本グループとしての「地域との共生」戦略の本格的展開

3-1. JR西日本グループ中期経営計画2022とコロナ禍のもとでの取り組み

　JR西日本の「中期経営計画2022」では、「継続と進化でめざす未来へ」を
テーマとし、地域の関係者と一体となって「地域共生企業として、私たちの使
命を果たす」ことで、目指す未来である「人々が出会い、笑顔が生まれる、安
全で豊かな社会」づくりに貢献することを経営ビジョンとした。そのうえで、
グループ共通戦略として、西日本各エリアにおける「地域価値の向上」、主に
都市圏を中心とした「線区価値の向上」を掲げ、基盤となる周遊ルートの構築
や集客力のあるコンテンツの整備、あるいは安全で高品質な鉄道サービスと生
活サービスの提供を通じて、誰もが訪れたくなるまち、誰もが住みたくなるま
ちや沿線をつくっていくことを目指した。瀬戸内エリアでは、象徴的な取り組
みとして、鉄道事業と創造事業（非鉄道事業）が連携し、地域の皆様と一体と
なって新たな魅力を生み出す「せとうちパレットプロジェクト」を推進、これ
はコロナ禍を踏まえた、「中期経営計画2022の見直し」においても、踏襲され
ていく（JR西日本グループHP［https://www.westjr.co.jp/company/info/plan/］を
参照）。

　2020年4月、中期経営計画3年目のスタートと同時に、新型コロナウイルス
感染症拡大により、初めての「緊急事態宣言」が発出された。鉄道運行に従事
する社員等は、医療従事者の方々をはじめとする「エッセンシャルワーカー」
をお運びするという使命を果たすために、自らもまた、エッセンシャルワー
カーとして現場に出続けた。

　一方、観光キャンペーンや社内外の定例行事が取りやめになるなかで、京都
エリアの「梅小路ハイライン」（2020年8月〜）、神戸エリアでは「ストリート
テーブル三ノ宮」（2020年12月〜21年11月）、和歌山支社の「サイクルトレイン」
（2021年9月〜）等、コロナ禍のもとでのアウトドア指向を機会と捉えた実験的
な取り組みが生まれてきた。

また、広島支社では、2018年度より「てみて」という一風変わったワードを旗印とし、取り組みを進めてきた。「てみて」とは、JR西日本広島支社の「地域共生宣言」のシンボルであり、鉄道を核としながら「観光振興」、「産業振興」、「駅ナカ開発・まちづくり」を通じて、地域とともに地域の価値、シビックプライドを高めることを目指している。

　詳細については、HPを参照いただきたいが、その理念と方針は、JR西日本グループの目指す地域共生のプロトタイプといっても過言ではない。そのなかから生まれた「てみてプロジェクト」は、地域産品のリ・デザインによる商品開発を通じて、「地域のイイモノ」から「売れる商品」を作り、「売れる場所」の開拓を支援することで活力ある事業者を増やしていく取り組みで、2021年3月には京都駅でのプロモーションや「オンラインマルシェ」を実施し、これらの魅力的な「モノ」やそれを生んだ「ヒト」を通じて、広島や山口が、よりいっそう訪れたい地域となることを目指した。

　これらの取り組みは、いずれも地元自治体や専門事業者の皆様との協業により実現できたものであり、事業環境が厳しいからこそ、地域との連携が進捗したとも言えよう（「てみてプロジェクト」HP［https://www.westjr-temite.jp/］参照）。

3-2.「中期経営計画2022」の見直しと地域共生の深耕

　新型コロナウイルス感染者の急増を受け、最初の緊急事態宣言から半年後の2020年10月、JR西日本グループは中期経営計画の見直しを発表した（「『JR西日本グループ中期経営計画2022』見直し」［https://www.westjr.co.jp/press/article/items/201030_00_minaoshi.pdf］参照）。

　水や電気、あるいは物流とは異なり、人の移動を担うインフラ産業である「旅客鉄道事業」は、コロナ禍に伴う移動制限のなか、通勤や出張、旅行等の移動の激減の影響を大きく受けた。ホテル、ショッピングセンター、コンビニ、飲食店等の事業を展開してきたJR西日本グループは、鉄道・創造事業ともに急激に業績が悪化することとなった。それと同時に、コロナ禍を契機としたお客様の行動変容の加速が予見され、市場構造の変化への対応、すなわち事業構

造改革と新たな価値創造、変化対応力の向上が、重要な経営課題となった。

　この中期経営計画の見直しにおいては、これらの経営課題への対処と同時に、変化の予測が難しい社会だからこそ、JR西日本グループは、目指す未来である「人々が出会い、笑顔が生まれる安全で豊かな社会」の実現を目指し、地域と共に歩み続けることを、変わらぬ価値観として再確認した。人と人との出会いや繋がりによって生まれる笑顔の価値は、人々の生活が変わろうとも、変わるものではなく、移動が制限されるなかで、その大切さが一層際立ったともいえよう。また、その出会いや繋がりが、新たな価値やイノベーションを生んでいく。だからこそ、JR西日本グループは人と人、地域を繋ぎ、暮らしを支える地域共生企業として成長し続ける。そのために、新たな移動の創出や暮らしの提案に取り組むという、「地域共生の深耕」が、より重要な戦略として位置づけられた。

3-3.「JR西日本地域共生部」の発足と地域共生の再定義

　2021年6月には、地域共生の深耕をはかり、JR西日本グループ全体でその推進体制を強化するため、「地域共生部」を総合企画本部に設置し、地域と連携して推進すべき取り組みについて、グループ横断の視点でマネジメントする機能を担うこととした。初めて本社部門に「地域共生」を推進するための組織が独立して発足したことになる。これまで述べてきたように、JR西日本グループとして地域共生企業となることを目指しつつ、具体的な取り組みについては、各地において各々の組織が進めてきたわけであるが、地域共生部には、これまで、各支社やグループ各社において培ってきた地域共生の取り組みを、組織的な取り組みとしてスパイラルアップさせることで、グループ全体として価値を高め、新たな価値創造とグループの成長に繋げるという役割が求められた。また翌2022年6月には、「地域まちづくり本部」の発足に伴い、その構成部としての「地域共生部」が再発足した。

　まずは、グループ全体で、地域共生の目的を共有し、取り組みのベクトルを合わせていくために、JR西日本グループの目指す地域共生の考え方を再定義することとした。2010年10月にJR西日本が初めて「地域との共生」を経営計

画の中で打ち出してから10年以上が経過し、それぞれの取り組みが進む中で、その定義が曖昧になっているのが実情であった。また、その間、国において2014年に「地方創生」が政策として発表されたこともあり、社内外から「地域共生」と「地方創生」は同じ意味なのかという疑問が呈されることや、「交流人口・定住人口の拡大」が、地域共生の目的だというある意味狭い解釈がなされることもあり、改めてJR西日本グループの地域共生のめざすところを整理し、社内外に発信する必要が生じていた。

　JR西日本グループにおける地域共生の考え方は、第2節で述べたとおり、事業展開を通じて地域の課題解決を図ることで、「地域価値の向上」と「企業価値の向上」を両立させることであり、その概念を「エリアCSV」（共有価値の創造）という言葉で表現した。それは、地域共生で実現したい価値と筋道を「地域価値」（社会的価値）の向上×「JR西日本グループの企業価値」の向上という形で定式化し、重点エリア毎の両者の循環により高め続けようというものである。筋道としては地域産業の振興、地域の働き手の拡大など地域経済の活性化が企業価値の向上に繋がることを想定している。

　さらに、人口全体が減少する中で「エリアCSV」を実現するためには、人々に西日本エリアの「地域のファン」になっていただき、活動量の増加を促すという「ファン化・リピーター化」の取り組みを中心に据えることとした。これは、人々の出会いと笑顔、豊かな暮らしを創出することであり、定住人口、交流人口、関係人口の拡大や、地域の活性化による魅力向上策もこの概念に包含される。

3-4. 新たな価値創造への挑戦：「ディスカバーウエストモール」、「おためし地方暮らし」

　地域共生部では、2022年3月に、地域産品のECサイト「DISCOVER WEST mall」（以下DWモール）を立ち上げた（「DISCOVER WEST mall」HP［https://dwmall.westjr.co.jp/shop/default.aspx］）。

　これまでも、「山陰いいもの探県隊」（山陰いいものコレクション）、「ふるさとおこしプロジェクト」（JR premium select Setouchi）や「てみてプロジェクト」

において、地域の知られざる逸品を発掘し、商品開発や販売に繋げ、全国に情報発信する取り組みを進めてきたところである。

DWモールは、このような取り組みをJR西日本グループ全体へデジタルに発展させ、各地の生産者の販路拡大による地域の活性化と、移動に頼らない新たな事業分野への挑戦を目指すものである。一方で、オープニングには、「その逸品の向こうにあの景色が見えた」というキャッチコピーを使用し、単に物を売るサイトではなく、その産地を訪れてみたくなるような地域の魅力発信を目指した。これは、支社を中心としたこれまでの取り組みにおいても意図されてきたところであり、商品に込められた生産者の方々の思いやストーリー、産地の魅力を伝えること、各地で発掘してきた商品の販売と地域の魅力の発信ができるプラットフォームとして、JR西日本グループのもつ情報発信力も活用しながら育てていくことを企図している。

また、2021年6月より、沿線自治体をはじめとした地域の皆様との協働により、西日本エリアの活性化に向けた取り組みとして、「おためし地方暮らし」プロジェクトを開始した（**図表3-3**）。

これは、新型コロナウイルス感染症の影響によってテレワークが推進されるなか、好きな場所で働くことや複数拠点をもつ暮らしなど新しいライフスタイルを提案するもので、当初は「住居＋鉄道のサブスクリプションサービス」として不動産部門が企画し、スタートした。2022年6月より、第2期目をスタートしたところであり、現在のところ、兵庫県丹波篠山、京都府南丹、滋賀県高島の沿線3市と共同で実施している。「仕事はそのまま、ローカルに暮らし、ときどき出社」というキャッチフレーズのとおり、京都、大阪、神戸の近畿3都市への通勤者がいる家族に1〜10カ月間の期間限定で沿線3市にお試しで移住してもらうという内容である。

コロナ禍で地方に移住を考える人が増えたと言われているが、地方居住に興味がありながらも、移住に関して不安を抱える「家族」を対象に、テレワークと出社を組み合わせつつ、今の仕事を続けながら、地方に軸足を移して自然豊かな環境で暮らしていただくことができる。第2期では第1期での体験者の声をもとにサービスを改善し、例えば一部の物件においては単身者の利用も可能としたほか、通勤頻度が少ない場合でも利用しやすいよう運賃は「定額」では

【第1期の体験者のお声の例】

> 小さい頃からずっと、自然の中で住みたいと思っていました。空気の澄んだ気持ちのよいところでした。（南丹市・3カ月ご利用）

> 不便も含めてポジティブに楽しみながらスローライフを満喫しています。家を買う前に「やっていけそう」という感触を得られたのは良かったです。（高島市・10カ月ご利用）

> 時間の制約、金銭的制約からずっと様子を伺っていましたが、この仕組みのおかげで踏み切れました。（丹波篠山市・1カ月ご利用）

> 土地の匂いや空気は現地に行ってみないとわかりません。短い期間でも住んでみて新たな発見がありました。（丹波篠山市・2カ月ご利用）

出所：JR西日本提供。

なく、あらかじめ登録したJR西日本利用の通勤経路の運賃のうち40％がICOCAポイントで自動的に還元されるようにした。

　第1期の体験者からは、「住んでみたから決断できた」等、多くの評価をいただいている。また参画3市の関係者からは、このJR西日本との共同企画に参加された方々への期待はもちろんのこと、それに加え、移住促進に熱心な自治体であるという情報発信や知名度向上にも寄与していると聞く。引き続き、効果を検証しつつ、取り組みをブラッシュアップし、拡大を図っていくことが期待される。

4. 「WEST EXPRESS銀河」と「SEA SPICA」

4-1. 長距離列車「WEST EXPRESS銀河」

　2017年に「TWILIGHT EXPRESS瑞風」がデビューし、「地域と一緒につくりあげる列車」として、沿線地域の方々とともに発掘した中国地方の観光地を

図表 3-4　「WEST EXPRESS銀河」

出所：JR西日本提供。

めぐるパッケージツアーを提供してきた。他方で、「お客様の側も地域の皆様の側も、もっと自由・多様で、カジュアルに地域活性に取り組むことができないか」という課題意識に端を発し、企画開発されたのが「WEST EXPRESS銀河」である（**図表3-4**）。

　この列車は、117系という国鉄末期に製造された車両の改造車で、往時のフォルムを随所に残しつつも、西日本の美しい海や山の色によく映える鉄紺色の外観は、懐かしさと新しさ、そして鉄道の旅へのあこがれのようなものを駆り立てる。車内設備は、夜行での長距離移動でも快適なリクライニングシート、ごろ寝ができ肩肘張らない人と人の出会いも演出するクシェット、ゆとりのファーストシート、そして旅行の最大のごちそうである車窓風景を独り占めできるプレミアルーム、そして女性専用車やファミリーキャビンなど、多様な客

室構成となっている。

　また、車内販売員や地域の方が乗り込んで、お客様同士や地域の方との相互のセレンディピティ（偶然の出会い）を演出する、広々とした4号車フリースペース「遊星」を備え、お客様同士、地域の方、あるいはお客様の案内にあたる乗務員たちが、自ら旅の体験をつくり出す工夫を施している。また運行コースや運行形態にも特色が多い。例えば、関西と山陰を結ぶコースでは、伯備線生山駅や根雨駅、また備中高梁駅などといった、通常の都市間輸送列車では目的地となりにくい駅において長時間の停車機会をあえて設け、その停車時間には地域の生産者の方々が駅に集まってきて、通常はその地域だけで売られている特産品の販売や、この列車をモチーフにした記念弁当を販売することで、地元の方々と列車のお客様との交流の場をつくっている。

　「WEST EXPRESS銀河」は、2020年9月の運行開始後、コロナ禍にもかかわらず、発売開始と同時に満員御礼となるツアーがほとんどで、またリピーターも多い。それは、単に二地点間の移動手段としてだけの役割を超え、「多様性」、「くつろぎ」、「カジュアル」な移動そのものが価値であり目的となるという「消費財」的な役割が無限に拡大していくなかで、JR西日本グループと行政や地域の企業、住民が協働することによって、新しいサービス提供の場を生み出している。

4-2. 観光型高速クルーザー「SEA SPICA」

　瀬戸内エリアは、日本で最初の国立公園の1つであり、「多島美」と呼ばれる世界有数の景観を有している。この瀬戸内海の島々を訪問し、その自然景観や地域に根ざす歴史・文化を堪能したいという国内外の観光客の関心の高まりを受けて瀬戸内を国内外から多くの人々が繰り返し訪れる一大周遊エリアにすることを目指す、「せとうちパレットプロジェクト」が2018年度初頭に発足した。

　個人客や外国人観光客が利用しやすい定期的な観光航路の設定と専用船舶の導入を目的として、瀬戸内海汽船グループで高速船の運航・保有ノウハウのある瀬戸内シーライン株式会社と、JR西日本グループのベンチャーキャピタル

図表 3 - 5　「SEA SPICA」

出所：JR西日本提供。

である株式会社JR西日本イノベーションズとの共同出資により、船舶保有会社「瀬戸内島たびコーポレーション」を2019年5月に設立した。船舶の新造にあたっては、独立行政法人鉄道建設・運輸施設整備支援機構（JRTT）が2018年に創設した、国内クルーズ船向けの船舶共有建造制度活用の第一号案件として申請するなど、各種補助制度が活用された。

　観光型高速クルーザー「SEA SPICA」は、アルミ合金製で、最高速力24ノット・巡航速力22ノット、旅客定員90名、全長25.7m、90総トンの双胴船である。運航の航路としては、広島港と三原港を東西に結ぶ「瀬戸内しまたびライン」を開設し、一定期間、定まった曜日に同じダイヤでこの区間を1日1往復運航する（図表3-5）。

　「とびしま海道」、「しまなみ海道」エリアとして瀬戸内らしい魅力的な島々の観光資源が連なっており、上下便ともそれぞれ2つの島に寄港し観光する時間を確保しているが、寄港地となる港では船が着岸する時刻にあわせて、地域

の有志の皆様により特産品のマルシェが開催される。

　この航路を通じて瀬戸内海の自然や歴史を体感するだけでなく、地域の人とのふれあいを通じて地域の風土に触れられることも、この観光コースの大きな魅力となっている。島めぐりと周辺エリアの観光、そして新幹線の利用を組み合わせた旅行商品は、これまでになかった観光ルートとして、コロナ禍にもかかわらず、瀬戸内エリア内に限らず首都圏や中京・近畿圏、福岡エリアなどの都市部からも好評を博している。さらに瀬戸内海エリアは、特に海外からの観光客からの潜在的な来訪意向が強いエリアと考えられるため、今後コロナ禍が収束すれば、インバウンド客の受入環境が設備的に大変整っている「SEA SPICA」については、大きな利用の拡大が期待できる。

5. 今後の展望

　2022年10月のJR西日本の組織改正では、各エリアにおいて、支社長が中心となりグループ一体となってエリア戦略を策定、推進する体制となる。地域共生部が事務局になることで、各エリア・各事業分野における取り組みや、国の制度をはじめとする情報をグループ内で共有するとともに、取り組みをスパイラルアップし、組織としての成果に繋げていくことを今後目指している。

第 **4** 章　**地域創生における「ひと」ネットワークづくり**
──コト発信とステークホルダー間共創──

伊藤佳代　*Kayo ITO*

1. はじめに

　国の地方創生プラン策定よりも10年以上も前から地域創生に取り組む京都方式とその伝統産業における新たなコト型発信とステークホルダー間の共創に焦点を当て、温故知新とも言えるような今後の地域創生マーケティングの展開を検証したい。

　その際の視点としては、第1に、地方創生のプロセスとして「しごと」、「ひと」、「まち」の好循環を構築すること、第2に、「モノ」ではなく、「コト」発信を通じてそれを進めること、第3に、地域内外のステークホルダーとの共創が重要である。

　また、考察にあたっては、「まち」、「ひと」、「しごと」に加えて、「こころ」を創生の柱として掲げている地域創生の京都市のモデルに注目し、それを実践している事例として、京友禅からデニムへと展開し、発信し続けている京都デニムおよびその染料を販売している創業280年以上の伝統ある老舗の田中直染料店を取り上げた。

2. 地域創生における「ひと」、「しごと」、「まち」

政府は、2014年末より「まち・ひと・しごと・創生」を内容とする地方創生に取り組んできた（閣議決定 2014）。そこでは、地方創生の目的は、東京への人口の一極集中を避け、地方における人口減少をはじめとする経済、地域社会のそれぞれの課題に対して「地域に住む人々が、自らの地域の未来に希望を持ち、個性豊かで潤いのある生活を送ることができる地域社会を形成すること」としている。「それぞれの地方が、独自性を活かし、その潜在力を引き出すことにより多様な地域社会を創り出していくことが基本となる。地域自らが、将来の成長・発展の種となるような地域資源を掘り起こし、それらを活用していく取組を息長く進めていく必要がある。」というのである。

各地域がそれぞれの特徴を活かして地方から自律的で持続的な社会を創生する、「しごと」が「ひと」を呼び、「ひと」が「しごと」を呼び込む好循環を確立するとともに、その好循環を支える「まち」に活力を取り戻すというのがその目的である。

東京、大阪、名古屋といった都市部かそれ以外の地方かは別として、地域創生には当該都市や地域の社会・経済的資源、歴史や文化の再発見と興隆、地場産業や伝統産業の継承・発展、中心市街地の活性化、観光産業の推進、大手企業から中小零細企業にいたるビジネスの安定化とイノベーション、グローバリゼーション、SDGs、ESG、CSVなどへの取り組み、さらに雇用の創出、住民の意識向上、などが欠かせない（西村・陶山・田中・山口 編 2021）。

この地域創生における「まち」、「ひと」、「しごと」の関係は、「まち・ひと・しごとの創生に、同時かつ一体的に取り組むことが必要である」と指摘されているが、必ずしも明確になっているとは言えない。地域創生は、言うまでもなく「ひと」が中心であり、長期的には、地方で「ひと」をつくり、その「ひと」が「しごと」をつくり、「まち」をつくるという流れを確かなものにしていく必要があるとしながら、実際には「しごと」が「ひと」を呼び、「ひと」が「しごと」を呼び込む好循環を確立することで、地方への新たな人の流れを生み出すこと、その好循環を支える「まち」の活力も取り戻されるという

ことが優先されている。

　なかでも「しごと」と「ひと」の創生について言えば、包括的創業支援、地域を担う中核企業支援、新事業・新産業と雇用を生み出す地域イノベーションの推進などが実際に地域産業の競争力の強化に繋がらなければ、地方に仕事をつくり、安心して働ける地方移住の推進や企業の地方拠点強化、企業等における地方採用・就労を拡大することもできない（西村・陶山・田中・山口 編 2021）。

　魅力ある地域創生のためには、地域住民ないし「定住人口」だけでなく通勤・通学、買い物、文化鑑賞・創造、学習、習い事、スポーツ、観光、レジャーなどで地域を訪れる「交流人口」（JTB総研）、両者を含む全体としての「関係人口」（総務省）をステークホルダーとして捉える視点を忘れてはならない。華やかな観光に光が当たるので交流人口に注目しがちであるが、その地域のステークホルダーは、地域に居住している定住人口はもちろんであるが、その地域の産業に従事し、買い物や観光などで訪れる「交流人口」も含む「ひとネットワーク」の力によって地域活性化は可能になるのである。最初は「よそ者」であった「関係人口」のなかには地域や地域の人々と多様に関わるなかで、その地域に根づき、地域住民となるなかで新たな刺激をもたらし、地域産業の新たな担い手にもなっていく。その意味で、地域住民と交流人口の相互作用が必要となるだろう。そこでは地域のあらゆるステークホルダー間での関係性やその継続性をキーワードとし、一方向性ではなく双方向性の交流が行われるのである。

　内閣府の第2期「まち・ひと・しごと創生総合戦略」2020改定版では、「地方とのつながりの構築」には関係人口の創出や拡大がその施策として挙げられている。また、基本目標の2「地方とのつながりを築き、地方への新しいひとの流れをつくる」にある「地方への移住・定着の推進」では、若者の修学や就業のためにも地域産業の創出が必要であるとしている。横断的な目標でもあるが、誰もが活躍する地域社会の推進を戦略としており、「ひとのネットワーク」の力によって可能となる魅力ある地域産業の創出と拡大を地域創生の原点であるとしている点に注目したい。

3. 価値共創と顧客体験、「コト」マーケティング

　地域創生のためには地域内の各種資源を発掘し、それを磨き上げながら独自性と競争力を有する価値を創造することが求められる。そしてその価値は単なる「モノ」ではなく、機能性や利便性と同時に情緒的で社会的な価値を有するかけがえのない顧客体験をもたらす「コト」体験に繋がるものでなければならない。またそれは価値共創によってのみ可能となる。

　Lusch and Vargo（2014）は、モノとサービスを包括的に捉え、企業が顧客とともに価値を創造するというサービス・ドミナント・ロジック（以下、S-Dロジック）を提唱した。企業が主導して「モノ」＝財を生産して顧客に提供するのではなく、サービスが交換の中心となり、価値の尺度が使用価値や文脈価値になるなかで企業は価値を提案するだけであり、顧客が価値の共創者となるのである。製品やサービスは、企業が提案する価値の伝達手段であり、「モノ」に価値を埋め込み、価値を決定するのはサービスの受益者である顧客である。

　さらにLusch and Vargo（2014）は価値共創に含まれるものとしてそれに関与するアクターによる「共同生産」を通じたコラボレーションを主張している。そしてこの「共同生産」に影響する要因として、①専門知識、②コントロール、③有形の資本、④危険負担、⑤精神的ベネフィット、⑥経済的ベネフィット、を挙げた。これらは価値共創を有効なものにする要因であり、共創に関与するすべてのアクターに求められている。価値共創における顧客やユーザーには、単なる受益者ではなく、主体となって価値を創造していくだけの知識や能力、リスク意識などや企業との積極的な信頼関係づくりが期待される。

　経済産業省（2020）はこのS-Dロジックを使い、どうすれば良い"体験"をビジネスとして継続的に提供し続けることができるのかについて、顧客との価値共創をさらにステークホルダーとの価値共創に拡張して「サービスデザイン」という概念を提起した。顧客体験を継続的に実現するためには、「モノ」と「コト」を統合した「人間中心」、「共創」、「包括的」な仕組み＝サービスをデザインすることによって新たな価値を生み出すというのである。

さらにそうしたサービスをつくるために必要な視点として、人間中心主義、反復的に進める、連続的に捉える、リアルティ、包括性とともに、ステークホルダーとのコラボレーションが指摘されている。すなわち、以下の3点を挙げている。

①ステークホルダーと共に考える
②一緒に実践することで共創関係を築く
③ステークホルダーと共存する場をつくる

　企業が価値共創を進めるためには、顧客・ユーザー・消費者だけでなく、広くステークホルダーが同じ目線に立つことにより、企業と顧客が一体化する、すなわち、信頼にもとづく協調的・共存的な関係が求められるということに他ならない。

　しかし、同時にステークホルダーとの間で価値共創ないし共同生産を行う際、企業には「モノ」と「コト」を統合した相応の掲客価値を提供することが必要となる。喜村（2019）によれば、それは差別化された製品やサービスの内容であり、顧客をはじめとするステークホルダー一人ひとりに対する個別化された提供方法である。具体的には価格、販売方法、製品デザイン、サービスの成果・品質・信頼性・評判・利便性の面での他社とは異なるサービスの内容、サービス提供を行う従業員の知識水準やコミュニケーション能力などが挙げられよう（Clark 1961；Porter 1980；Kotler et al. 2002）。製品やサービスの品質やそしてそれを実現する手段についてPorter（1980）は他社とは異なるサービスの内容やサービス提供を行う従業員の質などを挙げる。また、Kotler et al.（2002）はサービスの成果・品質・信頼性・評判・利便性を競争優位の源泉とし、Peppers and Rogers（2004）は、顧客一人ひとりのニーズについての知識を向上させコミュニケーションを行うことで顧客との関係性を深めていくことを指摘した。

　さらに、現代は「関係性の時代」から「体験の時代」へと移行しており、顧客の"体験"や"価値"がビジネスやマーケティングにとって重要と考えられる。顧客価値は製品という「モノ」だけでは十分提供できないのである。驚く

べきことに、Abbott（1955）は、人々が本当に望んでいるのは製品ではなく、満足のいく体験であると65年前にすでに提唱している。そして、東（2019）は、顧客は製品やサービスを利用することで、何らかの体験をし、その体験を通して製品やサービスの価値を判断し、また西村・陶山・田中・山口 編（2021）は、商品の効用は、その購入・使用に伴って実現される「コト」消費、言い換えると「一定の生活シーン」からなる「生活体験」を通じて消費者により知覚され実現される、つまり提案価値を高めるためにも「コト・マーケティング」の展開が必要であると指摘している。

　企業によるこの提案価値を高める手段の１つである「ひと」づくりに有効なものがブランドに他ならない。ブランドはひと（＝人材）に自信や誇りを与え躍動させるのである。そして、ひとの持つ知識や経験だけでなくモチベーションを高めたり、リーダーシップを発揮するために有益な考え方の１つがインターナルブランディングである。インターナルブランディングとは、「協力的・支援的な企業文化のもと、ブランド理念をすべての中核に据え、ブランドを中心にリーダーシップ、HRM（人的資源管理）、コミュニケーションやコミュニティを取り入れて、社員だけでなく社会に及ぶまでの複数のステークホルダーとともに普遍的な企業のブランド共創を継続的に行い、成長していくための、社会的意義のある経営戦略」である（陶山・伊藤 2021）。それは価値共創や共同生産を企業内で進めるために不可欠の活動に他ならない。そこではインターナルステークホルダー（経営者や従業員など）とエクスターナルステークホルダー（株主、消費者、地域、社会など）が一体となってブランド共創が行われる。

　これを地域のレベルに置き換えて価値共創や共同生産、ブランド共創を考えると、地域内のインターナルステークホルダー（地域内の企業の経営者や従業員、住民などの「定住人口」）とエクスターナルステークホルダー（地域外から産業に従事したり、買い物や観光などで訪れる「交流人口」）の双方がその担い手になる。地域としてのブランド体現 "Living Brand" は、企業内と同じ５つのツール、すなわち、①地域のブランド理念、②地域のブランド・リーダーシップ、③地域内企業におけるブランド中心のHRM、④地域内外のブランド・コミュニケーション、⑤地域ブランド・コミュニティ、が必要となる（**図表4-1**）。

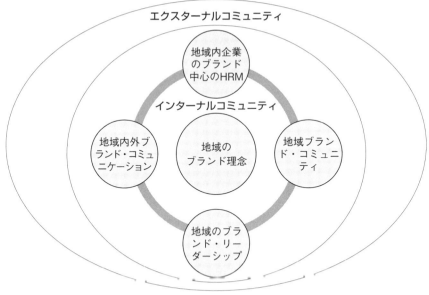

エクスターナルコミュニティ

地域内企業のブランド中心のHRM

インターナルコミュニティ

地域内外ブランド・コミュニケーション

地域のブランド理念

地域ブランド・コミュニティ

地域のブランド・リーダーシップ

出所：筆者作成。

　さらに、地域社会での価値共創、共同生産、ブランド共創に、インターナルブランディングをそれぞれ当てはめることができる（**図表 4-2**）。

　企業で働くのは従業員だけではない。経営者や役員も同じく企業で働く「ひと」である。トップが企業理念のもとでリーダーシップをとり、自ら発信していくことが必要である。

　「ひと」は、その企業の重要な担い手である。企業にとって、社内にいるあらゆるステークホルダーである役員や従業員を地域と価値共創の重要なステークホルダーへと育成していくことも、トップのブランド理念からくるリーダーシップの役割である。また、「体験」を通して自社および仕事に対してロイヤルティを向上させ、新たな「体験」をもたらす価値を顧客や地域社会へ提供していくことで価値共創の好循環が見込まれる。自発的かつ自律的な行動と（自社）へのエンゲージメント（帰属意識）が生まれ、最終的には、従業員が直接的または間接的に提供する企業のサービスに直結し、「顧客体験」をさらに向

図表 4-2　地域におけるインターナルブランディング

インターナルブランディング		地域レベル
インターナルステークホルダー	→	定住人口（地域内の企業の経営者、従業員、住民）
エクスターナルステークホルダー	→	交流人口（地域外から買物、観光、産業に従事）
ブランド理念	→	地域のブランド理念
ブランド・リーダーシップ	→	地域のブランド・リーダーシップ
ブランド中心のHRM	→	地域内企業におけるブランド中心のHRM
ブランド・コミュニケーション	→	地域内外のブランド・コミュニケーション
ブランド・コミュニティ	→	地域ブランド・コミュニティ

出所：筆者作成。

上させる原動力となると考えられる。

　企業、自治体や地域のもつブランド理念（これは顧客を含むあらゆるステークホルダーとの約束である）を浸透させること、これは顧客も企業の従業員も同じであるが、ブランド理念を浸透させていくことで、主体的にブランド体現を行い、コト・ブランディングが顧客や地域のステークホルダーに伝達されていき、期待以上の価値共創が生まれるのである（**図表 4-3**）。

　価値共創は、企業にとっては、ひと、顧客そして地域社会との「絆作り」でもある。顧客とのしっかりとしたコミュニケーションやコミュニティの構築は欠かせない。そうして顧客や地域社会と共創することで、「コト型」の理想の着地点が生まれるのである。

4. 地域創生の京都モデル：京都市の地域創生戦略

　京都市は国の地方創生プランよりも10年以上も前の2003年から「国家戦略としての京都創生」、すなわち、京都を我が国の財産として創生（保全・再生・創造・活用・発信）することを目的に京都創生を掲げてきた（**図表 4-4**）。京都創

図表 4-3　地域社会における絆づくり

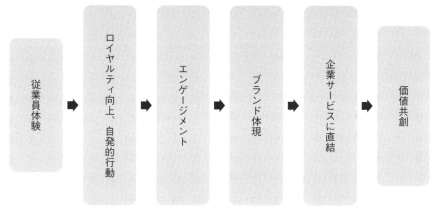

従業員体験 → ロイヤルティ向上、自発的行動 → エンゲージメント → ブランド体現 → 企業サービスに直結 → 価値共創

出所：筆者作成。

図表 4-4　京都創生宣言

光り輝く歴史都市・京都創生宣言

　日本の歴史や文化が集積された千二百年の都・京都は、日本の財産であり、世界の宝です。私たちは京都人であることに誇りを持って、私たち自らが、この京都に、景観、文化、観光の三つの大輪の花を咲かせ、光り輝く歴史都市・京都を創生することを宣言します。

景　観　私たちは、京都ならではの自然や町並み、建物を保全・再生し、美観を損ねる看板や放置自転車などをなくすことで、美しい景観を持つまちの創生に努めます。

文　化　私たちは、京都で生まれ、育まれてきた多様な伝統文化を守り、継承し、自らも文化芸術に触れ、実践することで、日本文化が息づくまちの創生に努めます。

観　光　私たちは、京都の歴史的な価値や新たな魅力を創造・発信し、京都を訪れる人を暖かく迎えることで、世界の人々が自由に集い交流するまちの創生に努めます。

平成17年11月9日
京都創生推進フォーラム

出所：「京都市創生推進フォーラム広報誌」2009年 3 月発行（https://www.kyoto-sousei.jp/pr_items/sousei_001.pdf）。

生推進フォーラムや「光り輝く歴史都市・京都創生宣言」では、企業や市民が集い、積極的に取り組み、相互協力し、そしてそのコミュニティの構築を目的としていることから、それらを共創への最初のステップとして位置づけている[1]。

4-1. 地域創生の京都モデル：京都市の人口推移

　京都市における地域創生戦略の背景にあるのは人口減少である。明治維新により東京へ遷都が行われ、千年の都は終わり、一地方都市となった。宮家の東京への移転に伴い、商人たちも転出し、京都の人口は約34万人から約23万人と３分の２までに一気に激減したのである。

　参考までに京都市の最近の人口推移を見てみよう。

　日本の新生児出生数の低さにも起因するが、現在も京都市および京都府の人口減は継続している。以下は、京都市の人口推移に関するデータである（**図表4-5**）。

　2045年には人口は現在（2020年）の75％にまで減少すると予測されている。25年間の間に25％減少という人口減少の加速は止まらず、減少率が年を経ることに高くなっている。

　京都の人口減少の理由を挙げると以下の２点が大きい。

　①低い合計特殊出生率（以下「出生率」）。

　2019年の出生率は、厚生労働省の資料によると1.25と全国ワースト４位である（東京1.15、宮城1.23、北海道1.24に続く）。

　京都市においては、京都市統計ポータル（https://www2.city.kyoto.lg.jp/sogo/toukei/Population/Live_Migrants/）によれば、同年の出生率は1.22であり、さらに低い。

　ちなみに、合計特殊出生率は「15 〜 49歳までの女性の年齢別出生率を合計したもの」で、１人の女性がその年齢別出生率で一生の間に生むとしたときの子どもの数に相当する。

　②大学進学時に転入はあるものが就職時以降転出。

　京都市総合企画局総合政策室創生戦略によると、京都は有名大学が多いことや学生の街としても知られていることから大学入学年齢においては転入超過と

図表 4-5　京都市の人口推移

国勢調査による京都市の人口推移（単位：人）

	2000年	2005年	2010年	2015年	2020年
	1,467,785	1,474,811	1,474,015	1,475,183	1,464,890

出所：京都市統計ポータル（https://www2.city.kyoto.lg.jp/sogo/toukei/Publish/Analysis/#t4）。

なる一方で卒業後の働く世代となる25 〜 39歳は転出傾向が強い。主な転出先は東京圏と関西圏である。

4-2. 地域創生の京都モデル：2つの軸

京都市が2020年に発表した「まち・ひと・しごと・こころ京都創生」総合戦略によると、地域創生の京都モデルは次の2つの軸からなる。
第1の軸は、「まち・ひと・しごと・こころの京都創生」である。

◉──（1）基本理念

①人の「数」の追求だけではなく、一人ひとりが笑顔で、安心して生き、暮らせる社会を追求する。

②京都ならではの「こころの創生」を重視する。

③国内外から訪れる「交流人口」も、「京都にとって大切なひと」として重視する。

④全国の自治体とさらに連携し、我が国全体の地方創生の推進を志す。

⑤市民等と行政が共に「自分ごと」、「みんなごと」として、人口減少問題に一丸となって挑む新たな関係を築く。

基本理念②の「こころの創生」は、胸に響くものがある。無形遺産である技術やコトの伝承、そして発信の重要性を気づかせてくれる。

　第2の軸は、「こころの創生」が組み込まれていることである。

　京都市は日本伝統の美意識、価値観や精神性が失われることのないように、京都という世界レベルでの文化伝統都市の使命を果たす役割を担っているのである。「手間・ひま・心を注ぐ」という日本人の伝統的な精神であることを軸として、商品を売る「モノ」を提供するだけでなく、顧客やサービスを受けるステークホルダーとの交流も重要視している。

　そして、国の施策である地方創生に京都独自に「こころの創生」を加えたのである。この役割を果たすために、伝統文化・産業に関わる仕事に従事することの誇りと魅力を高めて、一地域にとどまらない幅広い地方の産業振興や雇用の維持拡大へと波及していくと明言している。

　これは、まさにあらゆるステークホルダーとの価値共創であり、コト発信である。

　さらに京都市は、内閣府の地域創生第2期の計画を受けて、2つの軸をもとに具体的な戦略を提起している（**図表4-6**）。

　伝統産業の「モノ」を売り込むだけではなく、それをもたらす技術、技法、生産工程やものづくりの文化とその担い手である「ひと」を活性化することは、その地域産業を支えるあらゆるステークホルダーとともに試みなければならない。その点については、京都市独自の「こころの創生」においても「ひと」に注目しながら言及している。

5. 事例：京都デニムと田中直染料店

5-1. 京友禅の現況と取り組み

　京都市産業観光局クリエイティブ産業振興室によると、京友禅とは、古くから伝わる染色技法を、17世紀後半に宮崎友禅斎が集大成したことからこの名が

第 1 軸	第 2 軸
「まち・ひと・しごと・こころの京都創生」[基本理念] ① 人の「数」の追求だけではなく、一人一人が笑顔で、安心して生き、暮らせる社会を追求する ② 京都ならではの「こころの創生」を重視する ③ 国内外から訪れる「交流人口」も、「京都にとって大切なひと」として重視する ④ 全国の自治体とさらに連携し、我が国全体の地方創生の推進を志す ⑤ 市民等と行政が共に「自分ごと」、「みんなごと」として、人口減少問題に一丸となって挑む新たな関係を築く	日本伝統の美意識、価値観や精神性が失われることのないように、京都という世界レベルでの文化伝統都市の使命を果たす 「手間・ひま・心を注ぐ」という日本人の伝統的な精神であることを軸として、商品を売る「モノ」を提供するだけでなく、顧客やサービスを受けるステークホルダーとの交流も重要視

出所：京都市「まち・ひと・しごと・こころ京都創生」総合戦略を参考に筆者作成（https://www.chisou. go.jp/sousei/info/pdf/r02-12-21-senryaku2020.pdf）。

ついたと言われている。現在では、高度な技法を受け継ぐ手描友禅と明治初期に創案された型友禅がある。型友禅の出現は友禅を庶民のものにし、和装染色にゆるぎない地位を確立して今に至る。

レファレンス協同データベースによれば、京友禅の伝統工芸士数は2009年では、256人であった。しかし現在では、日本伝統工芸士サイトによると（2021.7.14アクセス）、192人となっており、12年前と比べて75%（3/4）にまで減少している。京友禅は分業であり、手描、型染そして仕上などの工程がある。このサイトでの登録数192人はその分業の総数である。

京友禅協同組合連合会加入組合HPで確認すると、京友禅協同組合連合会のもとに京都誂友禅工業協同組合、京都工芸染匠協同組合、京都染織整理工業協同組合、京都染色補正工業協同組合、京都染型協同組合、京都手描友禅協同組合、京都引染工業協同組合、京都紋章工芸協同組合、京都友禅協同組合および京都友禅蒸水洗工業協同組合の総数10の組合がある。京友禅はこれらの各協同組合によって成り立っていることが分かる。

京都友禅協同組合では、毎年、「京友禅競技大会」を開催しており、2021年で72回目を迎えた。それは、京友禅の新作が出展される京都で最大規模の展示会である。現在は、コロナ禍の影響もあり、一般来場者は、一部規制されており、コロナ以前の時期の開催と比べると規模は小さくはなっているが、YouTubeで動画などの配信も行い、京友禅の魅力の発信を行っている。

その他、京友禅協同組合連合会では、公開工房として、実際の工房において染色体験などを行い、楽しみだけでなく伝統も一般顧客に対して、その魅力を伝えるコト型発信を行っている。同連合会HPによると、約400ある事業所のうちわずか3.5％の14事業所を公開工房として紹介している。確かに体験を提供するには、場所、設備、時間や人員も必要となるため小規模事業所が大多数であることから実施には難しいところもあるだろうが、10％台になれば大きなうねりになると考えられる。

5-2. 「有限会社豊明　京都デニム」

伝統だけに固執するのではなく、新たな「モノ」・「コト」発信し、顧客と共創していく事例として京友禅の技術をデニム素材に使用して注目を集めている京都デニムを取り上げる（図表 4-7）。同社は、「着物に使用される本物の技術、手仕事の想いをデニムという素材に昇華、継承し、多くの人に新たなモノ・コトを通して知ってもらう活動をしている」という。京都デニムの価値共創に関して桑山豊章社長にインタビューを行った(2021.06.15)。以下ではインタビューの結果や同社HPを参考に議論していく。

◉──（1）会社概要

有限会社豊明（設立2004年3月8日）代表取締役　桑山豊章

所在地：京都下京区小稲荷町79-3-104　　従業員1名（インタビュー当時）

事業内容：デニム（ジーンズ）の製作、販売

京都デニムは、2004年に設立されたデニム（ジーンズ）を製造・販売する従業員1名（インタビュー当時）の有限会社である。有限会社豊明は、着物製造

出所：京都デニムHP（https://kyoto-denim.com/）。右の写真は筆者撮影（2021年6月10日）。

業である。江戸時代に創業し、昭和に入って伝統工芸京友禅染めと平金糸刺繍を合わせた着物を製造してきた。細やかな手仕事を重んじて、美しさを表現してきた。着物の良さ、日本の伝統工芸、伝統の感性の良さを伝えるために業界初のデニム製品に京友禅染めを施す「京都デニム」を2007年（2004年から構想開発）開発し、商品化した。2014年には京都120選（創造的文化産業モデル企業選定事業）に「京都デニム」が選ばれている。

　京都デニムが考える「コト」は以下のとおりである。

「ひと昔前と今は生活スタイルも変わりスクラップ＆ビルド（使い捨て）

からリサイクル文化の時代へと変わり、そしてこれからは自分がものの価値を決める時代になっていきます。良いものを大切に使い続ける日本人の心を大切にしたいと考えています。例えば、使い古したデニム生地に友禅染を施したり、おばあちゃんからもらった色あせたデニムや洋服を染め直す。物を生み出すのと同時に、大事にされてきたものへも想いを寄せる。そしてまた次の世代に引き継げるように、京都デニムが持っている染色や着物の技術でお手伝いしたいのです。つまり、京都デニムはデニムそのモノより、そこに生まれるロマンを伝えたいのです。結果としてモノを売ってはいますがその過程やロマンを伝えることに重きをおいています。」

●──（2）なぜデニムなのか

着物は、技術が良くてロマンが詰め込まれているが、若い人には伝わらない。しかし、伝統工芸、友禅を知ってもらいたいという強い気持ちをもっていた。職人たちと考えて、京都デニムの活動をはじめた。なぜ、デニムを選んだのかというのは、「着物は着るものでアンティーク、だから今の時代に当てはめると、デニムになると思った。デニムはヴィンテージという言い方がある。そこへ着物の素晴らしい技術である友禅を加えた。」という理由である。

これは、「共創」であり、同時に温故知新の新しいコト発信と言えるだろう。

●──（3）新たな産業へ

デニムと友禅が京都の産業になれば良いなと考えている。京都は、若者学生は多いが、ばりばり働く中間層が空洞化しているように見えるので、京都市に就職できる、京都市がそれでグローバル展開して経済の発展に繋がるということをしたい。伝統工芸の卵たちはいるのに、ひなをかえすところがない。だから経済をつくりたい。産業を創り出したいと考えている。なかなか新しい産業を生み出すことは難しいことであり、さまざまな人に相談し、行政にも相談した。その結果、会社を有名にしていくことが結論となった。できる範囲でやってきて現在に至っている。

地域の特性を生かした産業を生み出す地域創生といえる。実際に、京都には芸術系大学は多く、毎年4,000人近くを輩出するが、彼らを活かせる場が少な

い現状がある。

●──（4）活動と価値共創

　自分たちの活動を知ってもらうのが着地点であり、活動を理解してくれた人にモノを渡す。どこに住んでいるとかターゲット層はといったことは決めない。あくまで活動を理解してくれる人へ届けるのである。布教活動みたいなものかもしれない。活動そのものをお渡しする。

　マーケティング戦略を練るというよりも理念に共鳴する人に届けるのである。コト・マーケティングにとどまらず、理念に共鳴してくれる人に届けるコト・ブランディングにもなっている。

●──（5）従業員との関係性

　京都デニムはたいへん小規模である。仕事では「みんなで話す」、ということを大切にしている。使用者側は自由だけれども法律上は、労使対等と言われても従業員である労働者側は束縛されている。これはフェアとは思えないからである。仕事は一番充実した時間にすべきと考え、それぞれが可能な範囲でやりたいことをすれば良いと言っている。自由を重んじ、自分たちができることを支援する会社でありたい。なぜなら、自分の人生を有意義にしてほしい。働いて、楽しかったと思ってくれたらうれしいと考えている。

　実際の採用にあたっては、会社の求める人物像は前向きな人であり、京都デニムのファミリーの一員になるのだから、応募者自身が家族になりたいと思うことが必要である。そのミスマッチの解消のためにインターン制度を実施している。また、給与は売上に対して、頑張った分だけお支払いする制度である。

　従業員を支援する土壌がインターナルブランディングになっている。

●──（6）ブランド・コミュニティ

　京都デニムの理念に共鳴、活動に共鳴、京都が好き、着物が好きなどいろいろあるが、SNS発信を積極的に行っている。

　京都デニムがブランド・コミュニティの核になっているになっている。

◉──（7）コラボレーション

京都高島屋や京都センチュリーホテルなどともコラボレーションを行っている。京都センチュリーのベア（クマ）は、京都デニムのアイコンでもあるデニグマを想像させるものである。また、事例2で紹介する株式会社田中直染料店ともコラボレーションしている。

京都地域との共創を実践している。

◉──（8）アフターサービス

京都デニムはアフターサービスも大切な顧客への価値提供と考えている。自社製品のみならず、他社製品にも対応し、コミュニティを広げている。

「大切に使い続ける日本人の心、自分がものの価値を決める時代。デニムにあとから京友禅染めをしたり、毎日使ううちに擦り切れたり破れた部分を修理したり愛着をもってもらえるものを目指しています。

安心して長くジーンズを着用していただくために、修理サービスを承っております。他社のジーンズのご相談もOK」。

大切に使い続け、次世代に引き継ぐという使命をコト・マーケティング、コト・ブランディングを通して行っている。またアフターサービスを行うことで、ステークホルダーとの距離が近くなり新たな発見、価値が生まれるのである。

◉──（9）次世代への架け橋になりたい

技術、文化を次の世代へと継承していくことがとても大切であると考えている。次世代への架け橋、橋（ブリッジ）になりたい。そして桑山の考える仕事とは、お金を稼ぐよりも人のために役に立ちたいということである。

最後に桑山のデザイナーとしての一面を感じさせる一言があった、それは「京都への思いがある、京都へ光をあてたい、残すものが大切。自分がしたことを残したい」とのことであった。

5-3.「株式会社田中直染料店」

ここでは地域共創という側面から京都デニムと田中直染料店のコラボレー

| 図表 4 - 8 | 株式会社田中直染料店 |

出所：田中直染料店HP（https://www.tanaka-nao.co.jp/）。

ションについて、一般社団法人ブランド戦略経営研究所での講演やインタビュー記事、また田中直染料店のHPを参考に検証する（**図表4-8**）。

●──（1）会社概要
株式会社田中直染料店（創業1733年、設立1974年）代表取締役　田中直輔
所在地：京都市下京区松原通烏丸西玉津島町312　　従業員数34名（インタビュー当時）
事業内容：染色材料の小売販売、製造、卸

　田中直染料店は、享保18年創業という280年以上の歴史ある老舗の染料屋である。300年以上の老舗がひしめき合う京都にとっては珍しいことではないが、自社の研究室で商品研究や開発を行い、さまざまなニーズに対応できる組織である。また、「プロが使う材用をご家庭でも使いやすく」というのが田中直染料店の商品の特徴である。検品にも手を抜かない。「田中直のB品は他所のA品」と言われるようなクオリティの高さを誇っている。

図表 4-9	コラボレーション：京都デニム×田中直染料店

出所：京都デニムHP（https://kyoto-denim.com/）。

　田中直染料店の考える「コト」は以下のとおりである。
「材料屋というモノづくりの手前にいて、モノを売っているが、さまざまな講習会を行うことで、顧客は染色を体験する。顧客自身が何を染めよう、何に染めようと変化させていく。さらなる顧客体験を生み出すプロセスを伝えている。
　染めりえ倶楽部[2]の活動も始め、2015年に染めりえ認定第1号も誕生し、染色を地域に広めている。顧客の話を聴き、アフターサービスも行い、手間ひまかけることで精神的余裕が生まれ、コトや体験を感じる」。
　「モノ」を売ることだけでなく、染色の技術を見せて、何かを発信したい、ユーザーに伝えたいという京都デニムから田中直染料店に声掛けをして、コラボレーションが始まった（**図表 4-9**）。もともと田中直染料店にとっては、京都デニムは染料を購入してくれる顧客であった。しかし、お互いの利点を活かし共創し、コト発信を行った。

◉──（2）コラボレーションの内容

　「京友禅染がま口ポーチ」（京都デニム体験セット）7,777円（税込）桑山の指導が付くと14,777円（税込）。

【商品】京友禅染めがまぐちポーチ×1
・筆×2（平筆1本・丸筆1本）
・染料×3（檸檬色・紅梅色・露草色）
・パレット×1　・水差しボトル×1

・染め方説明書

・60分動画視聴券

・7,777円（税込）送料込

　田中直染料店の「エピーパレット」という絵の具のような染料で京都デニムのがま口ポーチを染めていく。がま口ポーチ、染料、筆、3色のエピーパレットと絵皿付きの完成されたキットである。手法は桑山の動画を見て行うこともできる。実際に染色の技術を見せて、地域内外へ発信している。

　エピーパレットはすでに何色もあり田中直染料店では人気の商品であるが、今回京都デニムより3色（黄色・ピンク・水色）の色指定があり、田中直染料店が京都デニム用に開発した。

　キットの購入者は、京都デニムのファンが圧倒的であった。しかし、コラボレーションすることによって田中直染料店という名前を京都だけでなく他の地域の人にも知ってもらうきっかけとなっている。

◉──（3）販売実績

　2021年4月29日から1カ月でマクアケスタート。2日で目標達成（目標金額は15万円）。1カ月の売上結果は494,339円であった。がま口セットは60セット。販売だけでなく、桑山がオンラインで行う染めを指導なども含まれている。

　京都デニムのファンが購入層であったが、田中直染料店にとっては潜在顧客の発掘に繋がった。

◉──（4）リーダーシップによる共創

　2社のコラボレーションのきっかけは、京都デニムは田中直染料店の以前からの顧客であった。そういう付き合いから、同じ京都であることやお互いの利点を生かして何かできないかと京都デニムから田中直染料店へコラボレーションを提案した。

　企業のトップがリーダーシップをとって地域共創をスタートさせたのである。

◉──（5）地域活性化

　京都デニムと田中直染料店、いずれも京都と京都である。音声SNS clubhouseで公開宣伝を行った際に、京都に行ってみたいという声も多く聞かれた。このことは他府県からの交流人口や関係人口の流れをつくることにも繋がりうる。

　また、2023年に、京都市立芸術大学が、京都デニムの真正面に移転することからも桑山はもちろんのこと田中直染料店も学生を育成する場をつくり、大学卒業後も京都にとどまれるような産業にしていきたいという思いがある。

　関係人口や地域住民と共創し、育成し、産業へと発展していく出発点である。まさに仕事をつくり、ひとをよびこむ、産官学一体となった地域創生のモデルともなろう。

◉──（6）田中直染料店のその他のコラボレーション

①レンタルスペースの貸出

　田中直染料店では以前から染色体験教室を実施しているため自社ビルの5階には広い実習室がある。つまみ細工教室へのレンタルスペースを行い、つまみ細工に使うもの、染めることにも興味を持ってもらうことを行っている。

②糸六

　松原通のほんの数軒先にある明治4年創業の絹糸の販売を行う家族経営の小さな商店である。田中直染料店の染料で絹糸を染める体験キットを開発し、大阪の梅田にある阪急百貨店で販売した。京都だけでなく周辺都市への発信にもなっている。

6. 小括：まとめと今後の課題

　以上、地域創生を「モノ」ではなく、「コト」発信を通じて進め、地域内外のステークホルダーとの共創が重要であることを「地域創生の京都モデル」とも言うべき京都市の地域創生戦略のなかで京都デニムと田中直染料店の事例を取り上げながら考察してきた。

中小零細企業ではあるが、2社の事例から明らかになったのは、企業のトップが京の伝統産業の素晴らしさをリメイクして温故知新で伝え、それを守り発展させるというブランド理念をもとに、リーダーシップを発揮しながら価値共創を試みていることである。「モノ」を売りながらも「コト」型発信をして「ロマン」を届けたい、「本物」を届けたい、京都の伝統を伝えたい、そして会社の考える価値に共感する地域内外のあらゆるステークホルダーと共創していくという積極的な姿勢がうかがえる。

　地域の住民同士の繋がりをつくることが本物の仕事をつくり、ひとをつくるためにも産業を生み出し、交流人口、関係人口さらには定住人口づくりにも大いに貢献する。京都のこころの創生にもなっているのである。

　京都の伝統産業というやや広い地域に根差した形でのコラボレーションすることで同業他社以外との繋がりを生み出し、アフターサービスを丁寧に行うことで、ステークホルダーとの繋がりの継続性を生み出している。ステークホルダーの声が聴こえる。そしてステークホルダーと一緒に考えていくまさに価値共創である。さらに京都という歴史的な文化都市、世界に誇る観光都市という観点からすると、エクスターナルステークホルダーには国内外の交流人口を含む関係人口という視点を持ってもらわなければならない。

　伝統と革新をうまく取り入れ、価値共創を行っているが、同時に本物を提供している。本物に触れる時、顧客は正しい期待を感じ、その期待に応えるように受容していくのではないだろうか。ここでさらにその期待を企業は顧客や地域に還元し、さらに価値共創を高めていく。その結果、産業の担い手であるひともまたその期待に応え、ロイヤルティも高まるのである。

　顧客や地域に自分たちの製品やサービスが伝わり、顧客や住民が喜び、感動し、共感するという関係性とコミュニティが生まれるのである。単に企業の作成したマニュアルのとおりに正確に「モノ」を顧客や地域へ提供することだけではなく、社会や地域が求めるニーズが変化するなかで、時代は、「モノ」型から「コト」型へと移り変わってきている。現在のような顧客目線や地域目線が求められる社会では、顧客やユーザー、地域住民との多くの接点をもつ一人ひとりが価値提供の大きな柱となることはいうまでもない。つまりひとは企業の価値を創造するのである。

今回の事例では、企業のトップである「ひと」が自ら「コト」発信し、共創し、地域社会と交流していくことを考察したが、企業にはそれを支える従業員がいる。顧客や地域との関係を構築するには、サービスを提供する最前線にいる従業員が近いため、顧客や地域との目線の一体化が容易である。実際に顧客や地域に近いところにいる従業員は自己同一視する傾向が強いこともあり、従業員と顧客や地域との間に正の相関関係があればサティスファクションミラーが生まれることからも分かる。顧客体験と同時に、「従業員体験」（employee experience）も、その産業に携わる企業が外部に対して行う「コト」発信に大きく貢献するのではないだろうか。従業員体験は、従業員がその会社に所属することで得られる体験である。これは、企業、組織で働くことで得られる「体験」や「経験」である。この「体験」や「経験」は、従業員の職場環境、人事評価、研修などによって影響を受ける。「コト」マーケティングの箇所で記述したインターナルブランディングの5ツールのHRM（人事施策）が該当するであろう。これらを経験した従業員が、会社に共感し、従業員満足や地域満足に繋がる。驚きや感動など製品やサービスの直接的な価値を超えた「体験価値」の提供によって、顧客や地域のロイヤルティやエンゲージメントを長期的に向上させるという顧客体験の考え方を従業員に対してあてはめるものである。従業員に「体験価値」を提供することで従業員満足も高まり、そして会社へのロイヤルティやエンゲージメントも高まると考えられる。今後はこの点も検証していく必要がある。**図表 4-10**は、地域創生の最も重要なファクターである「ひと」と地域における共創ネットワークをまとめたものである。

（1）京都創生推進フォーラムHP上では、その目的が次のように規定されている。「第1条　京都創生推進フォーラム（以下「フォーラム」という）は、山紫水明の自然景観や歴史が香る美しい町並み、長年にわたり磨きぬかれた奥深い文化に恵まれた京都を、我が国の歴史文化の象徴として保全・再生・創造し、未来へ、そして世界へ発信することを目指す「京都創生」の取組に賛同する団体、企業、市民が集い、その実現に向けて、自らが積極的に取り組み、相互に協力し、活動の輪を広げることで、京都から、広く国内外に京都創生の気運を高めていくことを目的とする。」
（2）「染めりえ倶楽部」多くの方に染色体験をしてもらうための田中直染料店の独自の認定制度。2021年現在会員数は約60名。

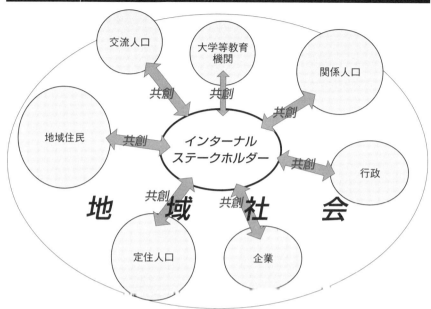

出所：筆者作成。

第 5 章 | # 聖地巡礼を通じた観光客の誘致と地域創生
—— 「花咲くいろは」を事例に ——

羽藤雅彦　*Masahiko HATO*

1. はじめに

　近年観光分野で注目されている事象の１つに聖地巡礼がある。聖地巡礼[1]とは、アニメの舞台となった地域を当該コンテンツの消費者が実際に訪れる事象のことであり、「君の名は。」や「鬼滅の刃」でさまざまな地域が注目されたのは記憶に新しい。こういった、アニメのようなコンテンツを活用した地域創生はさまざまな場で目にすることができ、インバウンドを狙ううえでも重要な役割を担っている。本章では、聖地巡礼が多くの地域が抱える地域創生という課題の解決にどのように寄与するかを議論する。そのため、2011年にアニメシリーズが放送された「花咲くいろは」を事例に検討していきたい。

　本章の構成は次のとおりである。第２節では、コンテンツツーリズムとりわけ聖地巡礼を中心にレビューしていく。そのなかで、聖地巡礼の特徴はどういった点か、他のコンテンツツーリズムとの相違点は何かを論じる。さらに、聖地巡礼を分析するにはどういった概念が有用かについても議論する。第３節では、本章で注目する「花咲くいろは」とその聖地である湯涌温泉、また、湯涌温泉で毎年開催している「湯涌ぼんぼり祭り」について考察する。最後に、考察から得られた知見を整理し、地域は聖地巡礼を通じていかに地域創生を促すことができるかをまとめたい。

2. 観光とコンテンツ

2-1. コンテンツツーリズム

　聖地巡礼は学術的にはコンテンツツーリズムの1つとして位置づけられる[2]。コンテンツツーズムは、国土交通省総合政策局観光地域振興課・経済産業省商務情報政策局文化情報関連産業課・文化庁文化部芸術文化課（2005）が共同で報告した「映像等コンテンツの制作・活用による地域振興のあり方に関する調査：報告書」において提示された考え方で、「地域に関わるコンテンツ（映画、テレビドラマ、小説、まんが、ゲームなど）を活用して、観光と関連産業の振興を図ることを意図したツーリズムを「コンテンツツーリズム」と呼ぶ」（p.45）と定義されている。

　地域が特定のコンテンツと結びつくことによって観光客が増えることはよく知られており（Hudson and Ritchie 2006）、テレビドラマや人気映画の舞台となった地域が当該コンテンツを活用して観光客を誘致している様子は日常的に見られる[3]。

　そういったコンテンツと結びついた地域を訪れる観光客は、その動機の強さに基づいて3つに分類することができる（Macionis 2004）。例えば、コンテンツツーリズムを主目的とした観光客、コンテンツツーリズムが観光の目的の1つである観光客、たまたま訪問した場所が特定のコンテンツと結びついていた観光客といった具合である。継続的な観光客の誘致を目指すのであれば、はじめはコンテンツツーリズムを主目的とした観光客を対象とし、次第にそれ以外の層を増やしていくといったターゲット層の拡大を念頭にしていくべきであろう。

　地域側がコンテンツツーリズムを考えるうえで重要なのは、コンテンツをいかに活用すれば地域の魅力を向上させることができるかという点である。コンテンツを作成する側ではなく、コンテンツを活用する側としてどのようなことができるかを理解する必要がある。

2-2. 聖地巡礼

　聖地巡礼は一般でもよく用いられる表現であり、それは「アニメ作品のロケ地またはその作品・作者に関連する土地で、かつファンによってその価値が認められている場所（筆者補足：を訪問する行為）」（山村 2008, p.146）、「アニメやゲーム、漫画等、オタク系文化のコンテンツ作品の背景として描かれた場所を訪れる行為」（岡本 2018, p. 75）と定義されている。以上のように、聖地巡礼とは、特定のコンテンツと縁がある場所をそのコンテンツのファンが訪問する行為のことを意味する。ただし、本章ではそのコンテンツをアニメに限定して議論する。聖地巡礼の事例としては、「花咲くいろは」（湯涌温泉：石川県金沢市）や「ガールズ＆パンツァー」（茨城県大洗町）、「らき☆すた」（鷲宮神社：埼玉県久喜市）が有名である。

　コンテンツ活用側として、聖地巡礼に見られる特徴を2つ指摘したい（畠山 2012）。第1に、撮影地がないという点である。実写の映像コンテンツでは撮影地がある場合が多いが、アニメでは物語の舞台として地域が使われるため、アニメに登場した場所が必ず存在するとは限らない。第2は、ターゲットが明確であるという点である。広くはアニメファンだが、メインターゲットはその作品のファンである。ゆえに、はじめからアニメと関わりの強い聖地に対しても好意的な傾向があり、彼ら彼女らを満足させることができれば、継続的な訪問や他者への積極的な推奨、ソーシャルメディアでの発信が期待できる。一方で、特定の作品のファンのみをターゲットにしたままだと、観光客の継続的な増加は望めないため、作品のファンに地域のファンになってもらうなかで再訪を促すと同時に、ターゲットを拡大していくことが地域の課題となる。

　聖地巡礼が他のコンテンツツーリズムと大きく異なる点として、再訪性という点が挙げられる。例えば岩崎ら（2018）は、NHK大河ドラマは放送年とその直前・直後には観光客が増加するものの、その土地を再訪する傾向はあまり見られないと指摘したうえで、聖地巡礼では継続的な訪問（再訪）が見られ、アニメへの愛着が聖地への愛着へと変化する傾向があると述べている。さらに、日本は世界的にもアニメのイメージが強いため、インバウンドという点におい

ても他のコンテンツよりも観光客の誘致に寄与することが期待できよう（小村 2020）。こういった点においても、コンテンツツーリズムのなかでも聖地巡礼に着目する意義は大きい。

　では、聖地を巡礼する人々は聖地で何をしているのだろうか。ここでは岡本（2018）が指摘する5つを紹介したい。①劇中シーンの再現・撮影、②コスプレ、③自分の来訪を示すモノ、コメント、イラスト等を残す、④巡礼の様子や感想をSNS等で発信、⑤現地の人々や巡礼者同士での交流である。必ずしもすべての行為を巡礼者が行うわけではないが、これらは一般の旅行と比べると聖地巡礼の特徴と言えるだろう。ここでの行為をまとめると、巡礼者が重要視しているのは劇中のキャラクターと自分自身を重ね合わせたり、その世界観に没入したいといったいわゆる「同一化」（①②）、好きなアニメに関する他者との「相互作用」（③④⑤）といった2つの要素であることが分かる。

　ここで同一化と相互作用という概念について確認しておきたい。同一化とは、対象と自分自身の一体感を示す概念で、心理学や社会心理学で主に着目されてきた。近年は、消費者がブランドとも同一化を果たすことが指摘されており、マーケティング領域でも高い関心が寄せられている（羽藤 2019）。読者も自らが好きなブランドやスポーツチーム、歌手、アニメ等に対する否定的な意見を聞くと、自分自身を否定されたかのような嫌な気持ちになったことを簡単に思い出すことができるだろう。同一化（一体感）が高まることによって、その対象をより好ましく感じるようになることも知られている。さらに、その好意的な態度は同一化対象と関わりの強いモノ・コトへも向けられる。聖地巡礼のコンテクストで捉えると、同一化対象のキャラクターやアニメ作品との一体感が高まると、そういった場を提供してくれた聖地への愛着も生まれることが期待できるのである。

　相互作用は他の人とのやりとりを意味する。自らが好きなコトについて積極的に話をしたくなる傾向は多くの人がもっているが、そういった人が集まることによって特定の対象を好きな人々の集まりいわゆるコミュニティが形成される（羽藤 2019）。近年は特定のブランドを好きになったとしてもすでに存在するコミュニティに参加するわけではなく、ソーシャルメディア上で同じブランドを好きな人をフォローして自分だけのネットワークを作る傾向も増加してい

る。そういったコミュニティやネットワーク上で自らが好きなコトについてやりとりするなかで、魅力を再認識したりしてよりその対象を好きになったり、それが他者への推奨へと繋がったりする。

　以下ではこの２つの鍵概念を軸に、コンテンツ活用側がどうすればコンテンツを活用することによって地域の魅力を向上させ、地域創生を促せるかを実際のケースを用いて考えたい。

3. 「花咲くいろは」を通じた観光客の誘致と地域創生

3-1.「花咲くいろは」と湯涌温泉の取り組み

　「花咲くいろは」は、2011年４月から９月にかけて放送されたテレビアニメ[4]で、東京育ちの女子高生である主人公が、とある事情で親元を離れ、祖母の経営する旅館で中居として働きながら成長をしていく物語である（図表5-1）。物語は「湯乃鷺温泉」という温泉街の「喜翠荘」という旅館で進むが、そのどちらもが架空のもので、モデルとなったのは石川県金沢市にある湯涌温泉である。

　「花咲くいろは」を中心とした聖地巡礼を分析対象とする理由は２つある。第１は、アニメで行われた祭りを実際に開催しているため、その祭りへの来場者数から聖地巡礼を目的とした訪問者の数を比較的容易に推測することができるためである。第２は、「花咲くいろは」は聖地巡礼における代表的事例であり、聖地巡礼というコンテクストで同一化や相互作用の役割を考えるうえで適しているためである（田村 2006）。なお、以下の議論は先行研究に加え、湯涌温泉観光協会／湯涌ぼんぼり祭り実行委員長の山下新一郎への90分間の半構造化インタビューに基づいている（2022年３月25日実施）。

　湯涌温泉は人口約1,000人、旅館９軒、宿泊客最大収容人数は500人／日という小さな温泉街である。アニメが放送された当時、湯涌温泉では閑散期の９月〜10月の集客を増やすための施策として行事の実施を考えていた。そこで注目

出所：©2012花いろ旅館組合
　　　「劇場版 花咲くいろは　HOME SWEET HOME」Blu-ray発売中
　　　発売元：ポニーキャニオン

したのが「花咲くいろは」の劇中で行われた架空の祭り「ぼんぼり祭り」であ
る（山村 2012）。この祭りは「湯乃鷺温泉を見守る女の子の神様が神無月に出
雲に帰るための道しるべとして、人々がぼんぼりを灯し、神様がその御礼に、
ぼんぼりにつるされた「のぞみ札」に書かれた人々の願いを出雲の神様に届け
てくれる」（小新井 2021, p.4）というものである。湯涌温泉は「花咲くいろは」
を目的とした日常的な観光客の増加に加え、「湯涌ぼんぼり祭り[5]」（以下、ぼ
んぼり祭り）を実際に行うことによって、閑散期における観光客の誘致、なら
びに地域住民の団結を目指した。

　ぼんぼり祭りを理解するうえで重要なのが、アニメで放送された祭りを単に
再現したわけではないという点である。ぼんぼり祭りの開催を湯涌温泉側が考

出所：湯涌温泉観光協会/湯涌ぼんぼり祭り実行委員長 山下新一郎氏提供。

え始めた時期にはまだどういった祭りがアニメで行われるのか詳細は決まっていない状況であった。そこで、実際にどういった祭りを開催するのかを湯涌温泉と「花咲くいろは」の製作委員会とで相談しながら決めていった。つまり、地域と製作委員会とが一緒になってつくり上げたため[6]（湯涌ぼんぼり祭り実行委員会・間野山研究学会 編 2021）、アニメと実際の祭りとの世界観にズレがないのである。

　2011年10月9日、ぼんぼり祭りが実際に開催され（**図表 5-2**）、目標が3,000人だったところ約5,000人の来場者があった。祭りの継続は当初から予定されており（山村 2012）、その後も継続的に開催された。年々参加者は増え、ピークの2016年と2017年には来場者数は15,000人にまで増加した（**図表 5-3**）。2018年と2019年は台風の影響による日程変更等もあり来場者は減少したが、アニメ放送が終わってからも来場者は減少することなく増加していることが分かる。2020年と2021年は新型コロナウイルス感染症の影響もあり開催は見送られたが、

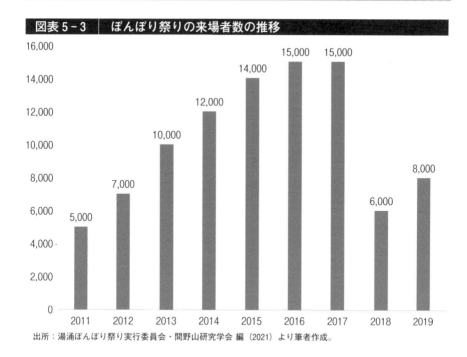

図表5-3　ぼんぼり祭りの来場者数の推移

出所：湯涌ぼんぼり祭り実行委員会・間野山研究学会 編（2021）より筆者作成。

「花咲くいろは」（ぼんぼり祭り）が観光客を誘致することに貢献していることが分かる。

　さらに、祭り当日には金沢大学（駐車場）や北陸鉄道（シャトルバス）と連携して湯涌温泉へのアクセス性を高めたり、湯涌温泉では地元の婦人会に協力してもらって飲食物を提供している。また、イベントスペースでは地元の演奏家や近隣の学校の吹奏楽部に演奏をしてもらうことで、地元の一体感や活性化を促している。

3-2.　考察

◉──（1）聖地巡礼のきっかけと再訪

　巡礼者がはじめて聖地を訪れるきっかけは、作品への愛着である。作品への愛着をいかに高めるか、という点についてはコンテンツ活用側というよりもコ

ンテンツ作成側との関わりが強いためここでは議論しない。

　作品への愛着が強い巡礼者にとって、初訪問時に重要なのが同一化であり、聖地を訪れるなかで、どれだけ作品の世界観にのめり込むことができるかが聖地巡礼の満足度に大きく関わっている。前述のように、巡礼時に行われる代表的な行為として劇中シーンの再現・撮影、コスプレが挙げられるが、それらを促すうえで忘れてはならないのが、巡礼者を特別視しないという点である（岡本 2018：畠山 2012）。例えば、巡礼者が増え始めると、地域の人々は彼ら彼女らが喜ぶことをしてあげたいという欲求が高まるが、特別な何かをすべきではない。この点を理解していたP.A.WORKS（「花咲くいろは」の製作会社）は湯涌温泉に対して事前に「特別なことは何もしないほうがいい。普段どおり、一般のお客さんの1人として接して欲しい」（畠山 2012）と忠告しており、山下も「アニメに迎合しない」とインタビュー中に何度も話していた。巡礼者は聖地を通じて作品の世界観を味わいたいにもかかわらず、特別視されたり、アニメグッズ等で街が溢れてしまい聖地とアニメの世界観とに乖離が生じてしまっては元も子もない。また、アニメを押し出しすぎてしまうと、これまで湯涌温泉を訪れていた観光客がネガティブに受け止めてしまう恐れがある。そういったことがないように、地域側としては注意を払う必要がある。

　では、同一化を促すにはどのようにすれば良いのだろうか。それには、アニメで登場した場所等をアニメの雰囲気のままで巡礼者に見てもらい、聖地を訪れることができたという感動を高めることの有効性が経験的にも検証されている（楠見・米田 2018）。例えば、ぼんぼり祭りは湯涌温泉が「花咲くいろは」の製作委員会と共同で1からつくり上げることでアニメの世界観を表現することに成功している。実際、アニメとそっくりだったという好意的な感想をファンから聞くことも多い（湯涌ぼんぼり祭り実行委員会・間野山研究学会 編 2021）。

　また、「花咲くいろは」の劇中では、旅館の宿泊者に対して精一杯のおもてなしを行い、くつろいでもらうことの大切さが説かれている。そういった点でも、湯涌温泉が巡礼者に対して特別なサービス等を行わず、湯涌温泉をのんびりと過ごしてもらえるようにしたことは重要であろう。世界観の保持という点においては、地域側が作品に共感し、そこで示されている世界観がどういったものかを理解したうえで巡礼者と作品との同一化を高めることを地域側は目指

す必要がある。

　ただし、感動という点については、巡礼者自身の作品への想いというものも強く影響するため、その点についてはコンテンツ活用側の方で操作することは難しいということは理解しておきたい。

　以上のように、アニメの世界観を壊さずに聖地を見てもらい、それに感動してもらうことができたなら巡礼者の同一化を高めることができる。そしてそれが聖地巡礼の満足へと繋がる。同時に、同一化を高めることに成功したなら地域にはもう1つメリットがある。それは地域への愛着である。同一化が高まるとその対象との関わりが強いモノ・コトへと愛着は拡大する傾向がある。ゆえに、最終的には聖地への愛着が高まり、それが再訪を促すことになる。このように、再訪を促すためには、アニメの力だけでは不十分であり、地域のファンにもなってもらうことが求められる。そういった意味ではアニメの力だけでは地域創生は難しいといえ、地域の魅力が重要になってくる。

● ──（2）相互作用は裾野を広げる

　同一化は重要であるが、それだけでは巡礼者の拡大へとは繋がらない。そこで注目したいのが巡礼時に見られる特徴の1つ、相互作用である。相互作用といっても、巡礼者が関心をもつのは好きな作品に関しての相互作用であり、こういった相互作用は作品との同一化が高まることでさらに促される。ゆえに、先に議論した同一化を促す取り組みの次に検討すべきがこの相互作用である。

　さて、ここでひとくちに相互作用といっても、その対象は広すぎるためもう少し対象を絞って議論を行いたい。ここでは相互作用を2つに大別しておく。（1）巡礼者と地域の人々との相互作用と、（2）巡礼者同士ないしは同じ作品を好きな人同士の相互作用である。聖地巡礼において重要なのは、直接地域が関わることのできない後者の相互作用である。前者については、巡礼者自身が相互作用を望んでいない場合があったり、地域の人々がよかれと思い巡礼者に過度に干渉することによってアニメの世界観を崩壊させてしまうことに繋がってしまう恐れがあることは前述のとおりである。ただし、数は多くはないものの巡礼者自らが地元の人々と積極的にやりとりを行うこともあるという。こういった点を鑑みると巡礼者と地域の人々との相互作用というよりも、巡礼者同

士ないしは同じ作品を好きな人同士の相互作用に注目することは理解できよう。

そういった相互作用を巡礼者が行う動機に注目すると、クチコミ研究の知見が参考になる。例えば、クチコミの発信動機に関しては、自己表現やクチコミ対象への愛着、支援したいという気持ちが重要であることが明らかになっている。実際、ぼんぼり祭りに関するクチコミは愛着や応援に分類される発言が多い。とりわけ、新型コロナウイルス感染症で開催ができない年が続いているため（2020年と2021年）、「今年こそ無事に湯涌ぼんぼり祭り開催されますように…」、「ぼんぼり祭りも中止続きなんで今年こそは…って気分です。」といった支援を示す発言がよく見られる（2022年1月現在）。

一方で、ソーシャルメディアの普及もあって巡礼者は地域側の後押しがなくても多くの場合自発的に相互作用を行っていることが指摘できる。例えば、TwitterやInstagramのハッシュタグ（#）上では人々が特定の対象についてさまざまな発言をしている。このような場はブランド・パブリックとも呼ばれ、地域や企業が積極的に関与しなかったとしても形成されていくため、さまざまな場で注目されている（Arvidsson and Caliandro 2016）。ブランド・パブリックでは特定のブランド（作品）についての相互作用が繰り広げられるが、ハッシュタグが各投稿を集約する機能をもつため、他の巡礼者が情報収集をする際にも活用されている。地域側はこういったブランド・パブリック上での相互作用を分析していくことで巡礼者のニーズを把握していくことも求められよう。こういったソーシャルメディア上での発言の分析はソーシャルリスニングとも呼ばれ、近年注目されている。また、聖地には巡礼ノートと呼ばれる巡礼者がコメントを聖地に残すことを目的に置かれたノート等があり、そこで巡礼者同士が簡単にやり取りをする様子も見られる。湯涌温泉街ではノートではなく掲示板とポストイットが用意されており、そこで巡礼者間の相互作用が行われていることが確認できた（**図表5-4**）。

以上のように、相互作用に着目すると、地域側として行えることは必ずしも多いわけではない。むしろ、積極的に関わっていくことがネガティブに機能してしまう恐れもある。そのため、相互作用を促すために何ができるかというよりも、その相互作用の分析を通じて巡礼者のニーズや聖地への評価を把握することに注力すべきといえるだろう。

出所：筆者撮影。

◉──（3）聖地巡礼と地域創生

　ここまでは、地域への観光客の誘致を主眼に議論した。最後に、聖地巡礼を通じた観光客の誘致が地域創生に貢献することを、3つの点から述べたい。第1は、経済効果である。地域への観光客が増加することで、地域には一定の経済効果が生まれる。先に議論したように、聖地巡礼にはそれを主目的とした観光や偶然の訪問等いくつか種類があることに加え、再訪時にはアニメのファンから地域のファンに移行しているといったことも考えられるため、聖地巡礼による経済効果を明確な金額で表すことは困難であるが、宿泊客最大収容人数が500人/日の湯涌温泉にぼんぼり祭り開催期間に1万人程度の訪問があることからもその影響は無視できないことは明らかである。

　第2は、地域創生に向けた取り組みのきっかけとして機能する。多くの地域が少子高齢化や観光客数の減少等、さまざまな課題を抱えている。山下もぼん

ぼり祭り開催前には閑散期における観光客の誘致、そして地域の団結力という点で問題意識をもっていた。その時に「花咲くいろは」のテレビ放送の話が舞い込み、それをきっかけにぼんぼり祭りを行い、課題の解決に取り組んだ。また、アニメが放送されることによって、地域の認知度が高まり、さらには地元の人々も自身がよく知った場所がアニメで登場することで地元の良さを再認識して郷土愛や地元への思い入れがさらに高まるといった、取り組みをはじめる後押しとしてもアニメが機能している。聖地巡礼にはこういった機能も備わっているのである。

　第3は、巡礼者の受け入れを通じて、さまざまな場で人間関係が生まれる。この人間関係には、巡礼者と地域の人々はもちろん、地域の人同士の人間関係も含まれている。実際、ぼんぼり祭りの準備や実行を通じて、多くの人間関係が新しく生まれ、それが基になって湯涌温泉街で仕事をするようになったり、地元の人に会うために巡礼をする人も出てきたと山下は言う。こういった人間関係が次の取り組みを新しく生み出したり、既存の取り組みの継続に繋がり、地域の持続的な発展へと繋がる。

　地域創生には2つの側面がある（小川 2013）。地域産業や地域経済に関わる経済的側面と地域住民のコミュニケーションや生活満足度に関わる社会的側面である。ここまでの議論を踏まえると、聖地巡礼というコンテクストで地域創生を検討するのであれば、社会的側面は地域住民同士の相互作用と巡礼者と地域住民の相互作用、巡礼者同士の相互作用という3つに大別して議論することが重要であることが分かる。地域は、それぞれの相互作用をいかに促すかであったり、どのように関わっていくかに注意しながら地域創生を目指す必要がある。

　聖地巡礼は観光客を誘致するという意味では経済的側面に大きく関わっているが、それと同時に受け入れ等の取り組みを通じて社会的な活性化にも寄与していることがここまでの議論からも理解できる。このように、経済的側面と社会的側面の双方が影響を与え合いながら地域創生する様子を聖地巡礼を通して見ることができる。ただし、聖地巡礼は地域創生のきっかけとして機能するが、それだけでは十分ではないことも理解しておく必要がある。継続的な再訪にはその聖地自体の魅力が重要になるし、地域側がさまざまな取り組みをして地域

の魅力を高めていかなければ地域の社会的な活性化にも繋がらないのである。

4. まとめ

　本章では、特定のアニメで描かれた場所を訪問する行為を示す聖地巡礼に着目し、「花咲くいろは」を事例に議論を行ってきた。ここでの議論をまとめると、巡礼者を分析する際には「同一化」と「相互作用」が重要であることが明らかになった。同一化はアニメとの一体感を示し、それが聖地巡礼のきっかけとして機能するうえに、聖地への愛着を高める鍵としても働くことが確認された。一方で相互作用はその魅力を他者へと伝え、他者の巡礼を促すきっかけになったり、聖地の改善点や評価を客観的に把握する情報源にもなる。これらを言い換えると、同一化は地域と巡礼者の結びつきをより強化するために、相互作用はその結びつきをより広げるために重要である。さらに、巡礼者を受け入れるために行う種々の活動が地域を経済的にも社会的にも活性化させていくことに繋がっていく。

　これまでにも聖地巡礼が注目されることはあった。しかし、聖地巡礼に今注目することには大きな意義がある。従来のコンテンツツーリズムの課題は、そのコンテンツの放送（上映）期間中ないしはその直前・直後には観光客が増えるが、それ以降は減少する傾向があるという点である。しかし、NetflixやAmazon Primeといった動画の見放題サービスが登場したことで、コンテンツが特定の期間（テレビ放送時等）のみに消費される傾向は以前ほどではなくなり、ある程度の長期間にわたって消費され続けるコンテンツが増加している。こういった市場環境の変化を受けると、聖地巡礼というコンテンツツーリズムを活用することにより、地域創生を狙うことも検討していくべき地域の課題となろう。また、コロナ禍の現状では難しいが、アフターコロナ、ウィズコロナに入りインバウンドを狙ううえでも聖地巡礼は重要な視点を提供してくれるだろう。とりわけ我が国のアニメ/漫画といったコンテンツは世界中から高い評価を得ていることはよく知られており、そういったコンテンツの活用は国を挙げて取り組むべき課題である。

聖地巡礼を促すうえでは、地域側は過度に聖地であることをアピールせず、アニメの世界観を味わうことができるように配慮することが必要である。それにより巡礼者とアニメとの同一化を促し、それを通じて作品同様地域への愛着を高めていくことが求められる。そして、それが相互作用を促し、新しい巡礼者を呼び込むことにも繋がり、地域のさらなる活性化が達成されるのである。岡本（2018）が指摘するように、聖地ははじめから聖地なのではない。巡礼者や地域、コンテンツ作成者が一緒になることによって聖地になるのである。そのために地域に何ができるかを考え、マーケティング的な視点をもちながら地域創生を目指すことが求められる。

〈謝辞〉
湯涌温泉観光協会/湯涌ぼんぼり祭り実行委員長の山下新一郎氏には取材や画像提供にご協力いただきました。また、本研究はJSPS若手研究20K13632の助成を受けたものです。ここに記して感謝の意を表します。

（1）聖地巡礼は本来的には宗教と関係している。例えば岡本（2015）では聖地巡礼を「宗教の創始者や聖人の誕生地・埋葬地のような生前関わりのあった場所、あるいは神や精霊といった存在と関わる場所への旅」と定義している。しかし、今では本章で議論したような意味で用いられることが主である。なお、アニメ以外の対象にも聖地巡礼という表現が用いられることがあるが、ここでは理解のしやすさを優先しアニメのみを議論の対象としている。
（2）コンテンツツーリズム（contents tourism）は和製英語であり、英語圏ではフィルムツーリズム（film tourism）と呼ぶことが一般的である（木村 2019）。ただし、フィルムという用語からは映像とりわけ映画を想起することが多いため、ここではコンテンツツーリズムという表現に統一する。
（3）対象となるコンテンツについても、古くは「坊っちゃん」（道後温泉：愛媛県松山市）のように100年ほど前の小説もあれば、「水曜どうでしょう」（北海道テレビ放送本社：北海道札幌市）のようなテレビ番組、「スラムダンク」（鎌倉高校前1号踏切：神奈川県鎌倉市）のような漫画・アニメまでさまざまである。海外でも、「ロード・オブ・ザ・リング」（マタマタ：ニュージーランド）や「ザ・ビートルズ」（アビーロード：イギリス）が有名な事例として挙げられる。
（4）2013年には劇場版『花咲くいろはHOME SWEET HOME』が全国公開された。

（5）劇中では「ぼんぼり祭り」という名称で呼ばれているが、湯涌温泉で行われている祭りの名称は「湯涌ぼんぼり祭り」となっている。

（6）祭りを創り上げる過程については、ぼんぼり祭りの10年間の取り組みをまとめた『湯涌ぼんぼり祭り2011-2021：アニメ「花咲くいろは」と歩んだ10年』（湯涌ぼんぼり祭り実行委員会・間野山研究学会 編 2021）を確認されたい。

第Ⅱ部　観光・旅行の課題

第 **6** 章　ゆるやかな関係性がもたらす創造的観光
──リピーターとなる経験価値とは何か──

青谷実知代　*Michiyo AOTANI*

1. はじめに

　2020年4月に世界旅行ツーリズム協議会（WTTC）がまとめた調査報告書では、全世界のGDP（国内総生産）に対する2019年の観光産業の寄与額は8.9兆ドルとなり、全世界のGDPの10.3％を占めた。また全雇用の約10％に相当する約3億3,000万人が観光産業に従事しているとされた。ところが、翌年、新型コロナウイルス感染症の影響により全世界での旅行・観光業界の損失額は約4.5兆米ドルとなり、世界中で6,200万人の失業者が発生したと言われている。同業界に従事する人々をはじめ地域社会、人々の暮らしは新型コロナウイルス感染症により一変した。

　今後、感染拡大の押さえ込みや安全性を確保した新しい生活様式、一人ひとりの健康維持や衛生管理のスタイルが生活に浸透し、社会生活は緩やかな回復の兆しを見せ、徐々に観光のあり方もリセットされ、観光産業と地域社会、そして観光客の新しい関係性が築かれていくと予想される。

　ところで地方の人口減少が深刻化するなか、地域と継続的な関わりをもつ関係人口や交流人口を観光によって取り組むことは、地域創生を進めるうえで重要な課題である。和田浩一観光庁長官のインタビューでは（2022年4月）、コロナ禍で訪日外国人旅行者数が激減し、国内移動も制限されるなど観光業界が厳しい状況であることを受け、地方創生との連携に向けた動きが必要であるとい

う認識が示された。なかでも地域の看板商品づくりの育成が急務とし、田舎に憧れをもつニーズに対し「第2のふるさと」として掲げ「何度も通う旅、帰る旅」という新しいスタイルを推進・定着させるために、ワーケーションやマイクロツーリズムの活用法についても言及している。

　確かに現在、日本は人口減少が猛烈な勢いで進み、あわせて地方の過疎化も急速に進行しているため、地域創生を通じて観光業界を活性化に導こうという方針はそのとおりである。しかし、こうした取り組みを我々はすでに10年前の2011年から独自に実施している。第4節のケースで取り上げる熊本県人吉市や鹿児島県南大隅町をはじめ鹿児島県指宿市や垂水市など学生時代から今日まで何度も訪問し、「第2のふるさと」と強く感じられる関係づくりをしてきた。観光の視点から捉えるべきことは、リピーターの傾向をつかみながら交流人口の継続的な関係づくりと、それを地域創生にどう繋げるかを考えていくことである。

2. 地域創生と観光産業

　中井（2020）によれば、近年の産業政策において観光が優先されてきたのは、日本の抱える課題解決に観光産業が寄与するからである。

①すでに製造業の落ち込みなどを防げなかった日本にとって、観光産業は「伸びしろ」のある数少ない有望な成長分野であるということ。
②他産業の拠点が大都市など限定された環境に一極集中しがちであることに比べ、観光産業は自然豊かな農山村や古い街並みを残す地方都市まで、さまざまな条件や環境をもった地域が拠点となり得ること。
③交流人口を増やすことで地域活性化に繋げられること。

　特に③に関しては、地域内外の多様な人々（年齢や立場もさまざま）との相互作用を伴い、そのなかで地域に対する共通のテーマと目的をもったうえで価値に繋がるようゆるやかな関係性を築きながら、双方が目的に向かって柔軟か

つ創造的な活動を目指していくことが求められる。

　そこで、本章では、序章でも述べられた「鹿児島カレッジ」や「北陸カレッジ」など西日本旅客鉄道株式会社と自治体が主催する「カレッジ」のプロジェクトに参加した学生たちが、その取り組みを通して地域の人々と交流し、ゆるやかな関係を築きながら、その中でモノ・コトを共に開発したり、さらにリピーターとして何度もその地を訪問し「第2のふるさと」と捉えている背景について考察する。とりわけ、ここで取り上げる地域は、人口減少による地方の過疎化が懸念されている熊本県人吉市と鹿児島県南大隅町である。

3. 創造的観光を目指したゆるやかな関係づくり

　具体的な事例について議論する前に、そもそも観光という概念を確認し、創造的観光が従来の観光とどういった点で異なるのかを整理する。Pigram (1983) によると、広義の観光は居住地以外を訪問する行為とそれに関係することであるとし、「移動距離」と「滞在時間」が関連していると述べている。また、国連世界観光機関（UNWTO）においても、「観光とは、個人的またはビジネスなどの目的で、日常的環境から離れて他の国や場所へ向かう人々の移動を伴う社会的、文化的、経済的な現象である。観光客とは、日常的環境から一年以内離れてビジネスや余暇、その他の個人的な目的をもって主要な観光地へ旅行する者であるが、訪問した国や地域に居住して働く者は除外される」と定義し、移動距離と滞在時間と関係している。そこで本章では、UNWTOの考えに依拠しながら進めていく。

　ところで今日、地域が観光客を誘致するために重要と考えられているのが人々のゆるやかな関係性である。内閣府が2020年に全国20歳以上に行った「社会意識に関する世論調査」では、地域での付き合いをどの程度しているのかという質問に対して「よくつきあっている」と回答した人は16.4％であった。この割合は15年間で横ばいか、微減傾向にある。その一方で、地域でのつきあいはどの程度が望ましいかという質問では「地域の行事や会合に参加したり、困ったときに助け合う」と答えた割合が35.9％であり、都市規模別に見るとこ

れは小都市・町村で他と比べて高くなっている。高度経済成長期の頃までは近所の関係性も濃いものであったが、現在では自治会や町内会などの活動が活発に行われていない地域が増え、近所との関係性は昔よりも希薄になっている。強い関係性が減少していくなかで地域にとって観光を推進することは、困難な状況になると考えられる。一方で、弱い関係性の重要性も見直されている。例えば、Granovetter（1973）は、「紐帯の強弱」について4つの項目（①共に過ごす時間量、②情緒的な強度、③親密さ、④助け合いの度合い）をあげ、人々の関係性が家族関係のような強い場合よりも、弱い場合の方が情報収集力や活動の波及性があると述べている。関係性が強い場合、普段接する人々や情報源が重複する傾向があり、同じ情報が共有されてしまう一方、関係性が弱ければ重複が比較的少なく、異なる情報が共有されるようになる。この議論は、観光において地域内外の人々が幅広く交流し、ゆるく結びつくことで相互に新しい価値観を育み、創造的な観光をつくることが可能になることを示唆している。近年の観光客は、名所旧跡などを物見遊山するだけでは満足をもたらす価値が得られない。ところが、今までにない体験を通して得られた快楽や新しい発見・感動は、インターネットやSNSを通して瞬時に伝達し、他者と「共有」することで「共感」を得ることができ、この経験からリピーターに繋がることも期待できる。Schmitt（2000）はこのような価値を「経験価値」という言葉で表わし、「近年の消費者は製品やサービスの機能的特性や便益といった満足価値を当然のこととして受け止めており、本当に求めているのは経験価値である」と指摘している。経験価値は、観光客の経験・体験を通じて個々の価値観に依拠して評価されることになる。

　よって創造的観光とは、旅行業者が地域の資源を旅行商品としてデザインしたプログラムを体験して得る満足価値とは異なり、地域のさまざまな観光資源を地域内外の人々とゆるく結びつくなかで経験し、共に新たな発見をすることで、好奇心が掻き立てられ、持続可能な創造的観光となる価値のことを指す。この創造的観光を通じリピーターを育てること、それが今日の観光を考えるうえで極めて重要と考えられる。

3-1.　リピーターの重要性と定義

　人口減少や超少子高齢社会の中で観光地の魅力に目を向け、何度も訪問し、地域の人々と対話を重ねながら地域の理解を深めるリピーターは、重要な観光客である。

　Jungyoung（2005）は、「旅行者がすでに訪問した観光地で得られた同じ効果を再訪した際にもう一度体験し、過去の体験で得られた効果を再度得ようとする主体」として体験価値について触れながら定義をしている。Lam and Hsu（2006）は、一度訪問した観光地により親しみを感じ、再び旅行をする選択の可能性が高いことを指摘している。これは、一度訪問した観光地で満足のできる体験をすると、その地域に愛着心が芽生え、再度訪問することを示唆している。

　本章ではリピーターを、「観光地のモノ・サービスを理解し、何度もその地域を訪問するなかで人々と共有し共感しながらゆるい繋がり（関係性）を育み、高い経験価値が創り出されることで愛着や信頼感を得られる主体」と定義する。観光地におけるリピーターの獲得は、持続可能な観光客の獲得であり、経済的・経営的な側面から見ても安定した収益の基盤を築くことが期待できる。また、プロモーションにおいても多大なコストをかける必要性はなく、クチコミやSNSなどで話題に上がり、自然と拡散していくことも期待できる。

3-2.　リピーターに関する既存研究

　コロナ前は旅行市場が成熟し、新たな観光客を獲得するマーケティング活動よりもリピーターの獲得を目指した「リレーションシップ」の概念を取り入れ「満足感」を与える質的な観光地のマネジメントが検討されていた。安定的な観光地を構成する要素として、地域の固有価値とその魅力についてはさまざまな研究が進められている（Light 1996）。

　さらに、地域がリピーターの獲得を観光政策の目標として掲げるようになってからは、より具体的にマーケティングを策定するため、観光客の心理・行動

特性を把握する研究が中心に行われている。佐藤・岡本（2011）は、特定の観光地を繰り返し訪問しているリピーターとノンリピーターとの行動特性や観光地に対する評価を比較し、再訪行動を形成する要因を明らかにした。

大方（2012）はリピーターに至る心理的プロセスを6段階で表し、観光地に対して「心残り」の経験があれば再訪への心理が働き、特に大きな障害がなければ再訪を決断し、そこから愛着がもたれることを述べている。続いて大方・五十嵐（2015）は、リピーターに関する先行研究が、旅行者を同質のものとして捉え、初回旅行者との比較が行われていることを指摘し、リピート訪問に至るプロセスや旅行先に対する態度から6つのタイプ（①ファン型、②習慣型、③パズル完成型、④再チャレンジ型、⑤変化型、⑥行為リピート型）に分類しその特徴を示した。

そのうえで、リピーターの心理や行動特徴の理解を深めるため、リピーターを同質のものと捉えず異質的なものと捉え、旅行先に対する態度に基づき上記の6タイプから、①ファン型、②変化型、③習慣型、④無関心型の4タイプにリピーターを類型化した。

人口減少で地域の過疎化が懸念されている地方においても同様のリピータータイプが形成できるかどうかは、さらに検討する必要がある。なぜならそれは、今後、地方の観光地のブランドマーケティングにも影響を与えるからである。

4. 「カレッジ」プロジェクトを通して育まれたリピーターの生成

「カレッジ」プロジェクト（詳しくは序章）の取り組み、並びにその前身となるプロジェクトに参加した当時学生が今でもリピーターになっているその過程を熊本県人吉市と鹿児島県南大隅町のケースから論じる。この2つの地域に共通している点は、人口減少や少子高齢化が進行しているという点である。しかし現在、観光コンテンツを整備しつつ新たな観光地づくりに磨きをかけている地域でもある。両地域を何度も訪問し、新たな価値を見出しているリピーター12名にインタビュー調査を行い、その要因を考察した。

4-1. 再来訪の意向が強い市町村との取り組み事例：その1　熊本県人吉市の ケース

◉──（1）熊本県人吉市の概要

　熊本県の最南部に位置している人吉市は、30,907人（2022年6月9日現在［男性：14,345人、女性：16,562人］）の人口で、九州山地の山や断層崖に囲まれた人吉盆地である（宮崎・熊本・鹿児島の中間に位置している）。この辺り一帯は「人吉球磨」地方と呼ばれているが、700年余りの長きにわたって人吉藩相良氏の支配を受けて安定した社会状況のなかで城下町として栄え、現在の暮らしや文化にもその影響を及ぼしている。例えば、至る所から湧き出る水が豊富な地域であるため農業用水を整備し、米・茶の栽培に力を入れ、さらに球磨川を利用した水運により球磨焼酎の文化が栄えた。これはWTO「地理的表示の産地指定」を受け、世界に球磨という地名を発信できるチャンスとなり、経済の活性化に繋がった。米が貴重な時代から酒づくりに取り組めたのは、やはり水が豊富に利用できた現れと言える。

　伝統工芸では、男の子が「キジ馬」、女の子が「花手箱」にそれぞれ色を塗って遊ぶ玩具やポルトガルから入ってきた「ウンスンカルタ」、じゃんけんのルーツと言われている「球磨拳」という遊びも、今日まで語り継がれている。

　一方、独自の文化を残しつつも温泉や球磨川下りは、観光コンテンツとして整備され、季節に応じた商品・サービスを提供している。市内中心部には国宝である青井阿蘇神社があり、2015年4月24日には近隣の球磨郡の各町村と並んで「相良700年が生んだ保守と進取の文化 ～日本でもっとも豊かな隠れ里―人吉球磨～」が日本遺産に認定された。

　2020年7月3日～4日、時間雨量30ミリを超える豪雨により球磨川流域では河川の氾濫や土砂崩れなど甚大な人的・物的被害が発生した。2022年7月で丸2年になるが、現在も復旧復興に向け国・県・市町村が一体となり取り組んでいる。

◉──（2）人吉市との交流経緯

　2011年5月、熊本県人吉市の人吉商工会議所より「地域の課題を解決して欲しい」と依頼が舞い込み立ち上がった。しかし、人吉市のブランディングを進めるうえで情報が少ないため、2011年5月から9月まで毎月1～2回は人吉市を現地視察し、観光素材の発掘調査を実施した。その際、人吉市にある国宝青井阿蘇神社の宮司 福川義文をはじめ語り部の立石芳利にアテンドを依頼し、人吉の歴史・文化・食・工芸・自然、そして暮らし方など、さまざまな切り口からフィールド調査を進めることができた。移り変わる景色とともに、どこか懐かしい匂いが記憶に残り、人との交流を通して人吉に根付いている文化を少しずつ理解しはじめた。

　そこで「来年も再来年も10年後も訪問したくなるような観光振興」というテーマを掲げて取り組んだ。なぜなら、一度で終わる交流事業ではなく、継続することで、双方の社会・経済・文化交流にも繋げ、仲間づくりの可能性を期待したためである。初年度のテーマは「幸せの原点はここ（人吉）にあった！第2のふるさとづくり」であり、学生がそれぞれの目的意識を掲げながら、人の繋がりを通して人吉の観光振興を行った。このようなテーマにした背景には、以下のような目的があった。

- ・地方と都市の違いを知る（地域ブランドの意味を知る）→神戸と人吉の共通点、相違点を知る（学ぶ）
- ・祖父母の自宅を訪れた安堵感のある体験（心休まる、ほっとした環境。もう1人のお父さんお母さん、もう1人のお爺ちゃん・お婆ちゃん…というように、もう1人の家族をつくる気持ちを大切にしながらゆるい関係づくりをする）
　（来年も再来年も、そして10年後、新しい家族とともに訪れたい街）

　昨今の学生は、祖父母の時代から都心に住居を構えているため、いわゆる田舎暮らしに憧れる学生も多い。さらに、人と交流することが激減し、当時から旅行において「遊び」＝「楽しかった」という記憶しか残らず人との触れ合いや繋がりという経験が極めて少ない。

　そこで、人吉プロジェクトでは、「第2の故郷、人吉づくり～幸せの原点は、

図表6-1 継続事業への交流プロセス

年（参加人数）	テーマ	成　果
2011年（24名）	「幸せの原点はここ（人吉）にあった！―第2の故郷ひとよし―」	①西日本旅客鉄道株式会社へプレゼンテーション ②近畿日本ツーリスト株式会社と株式会社日本旅行より旅行商品化 ③関西で開催された熊本県イベントに参加 ④10月「おくんち祭」巫女として三人が参加（現在も継続中） ⑤ラジオ番組（旅番組）出演 ⑥大学祭にて人吉物産展（11月）
2012年（16名）	人吉の素材を使ったお土産商品の開発（人吉の代表的な農産物（栗・米・梅、きくらげ）を使って）	①10月「おくんち祭」に参加―16名全員「巫女」を体験― ②富士ゼロックス株式会社と共同主催、地元の方々とワールドカフェを開催 → 地元の問題点を発掘 ③松蔭高校の修学旅行を誘致‼（総勢200人）（これまでの東北から九州へ、10月末に実現） ④大学祭にて人吉物産展（11月）
2013年（7名）	人吉の交流を通した人吉の魅力、人吉に紹介する時の人吉の1番の楽しさは？	①人吉で田植え（松葉専用の畑を借りる）と稲刈り） ②おくんち祭り → 番組作りと雑誌掲載への取り組み 鹿児島県、宮崎県、石川県も参加（11月） ③大学祭にて人吉物産展（11月）
2014年（7名）	人吉の今と昔	①おくんち祭りに参加 → 番組作りと雑誌掲載への取り組み 鹿児島県、宮崎県、福井県、石川県も参加（11月） ②大学祭にて人吉物産展
2015年（5名）	人吉の今と昔	①おくんち祭りに参加 → 番組作りと雑誌掲載への取り組み（多数の他府県が参加）（11月） ②大学祭にて人吉物産展
2016年（5名）	熊本地震の復興を祈る～人的支援の状況～	4月 熊本地震 ①おくんち祭りに参加 → 番組作りと雑誌掲載への取り組み（多数の他府県が参加）（11月） ②大学祭にて人吉物産展
2017年（6名）	熊本地震の復興を祈る～熊本震災から1年を経過して変化したこと～	継続事業を「ちちんぷいぷい」MBS 毎日放送の番組で紹介 ①おくんち祭りに参加 → 番組作りと雑誌掲載への取り組み（多数の他府県が参加）（11月） ②大学祭にて人吉物産展
2018年（9名）	熊本地震の復興を祈る～連携強化していること～	①「おくんち祭」に巫女・守札姫として参加 ②稲刈り体験 ③大学祭にて参加
2019年（9名）	伝統ある文化継承の行方について	①「おくんち祭」に巫女・守札姫として参加 ②大学祭に物産展を出店（多数の府県が入る）

注：新型コロナウイルスの影響により2020年から現在まで「おくんち祭」・大学祭は中止された。

ここ（人吉）にあった〜」をテーマとし、地元のキーワードである「食・水・パワースポット巡り（生活文化・歴史）、伝統工芸（おもちゃを含む)」の４つをそれぞれチームで構成し、多様な切り口から幸せの原点＝観光素材を人と交流するなかで探求し、磨き上げる取り組みを実施した。

　この事業は現在も継続しており、伝統の祭りや行事（イベント）を通して交流をつづけ関係性の強化を図っている（**図表6-1**）。

●──（３）おくんち祭の巫女

　2011年から今まで継続している事業の１つが、人吉最大のイベントである「おくんち祭」に巫女という大役を担い、毎年巡行に参加している。伝統と格式がある重要なお祭りに外部の者が継続して参加する意義は、①文化交流を通してゆるい関係性を深めることができる、②経験によって記憶に残り、得られた情緒的な価値を地域内外で継承することができる、である。人吉との交流を通してして小さなエリアだけではなく、人吉・球磨という広範囲にわたる地域への理解が深まり、さらには熊本県全体へその興味・関心が高まり、新たな探究心が芽生えるきっかけにもなる。これは同時にリピーターとして次の訪問機会のきっかけにも繋がることになる。

●──（４）大学祭における物産展開催

　2011年以降毎年、大学祭で物産展を開催している。熊本県人吉市で栽培・収穫された米やキクラゲ、その他多数の野菜を人吉から運搬してもらい、さらに人吉・球磨の伝統工芸を体験コーナーで実演しながら地元の子どもたちに楽しんでもらう取り組みも実施した。コロナ禍で大学祭が開催されなかった２年間（2020年〜2021年）を除いては相互交流を習慣化させ、卒業生もパートナーや家族、友人と一緒に来校し、再会を喜び、親睦を深める機会にもなっている。さらに、我々の関係性を見て、次の観光目的地にあげられる方もいた。人吉市をはじめ熊本県に行きたいという場所への愛着形成に影響を与えているといえる。

●──（５）修学旅行の誘致

　2011年３月11日、東日本大震災によって修学旅行先の予定を急遽変更をせざ

るをえなくなった、神戸松蔭女子学院大学の系列である松蔭高校が2012年、熊本・長崎に場所を変更し、そのうち一日は人吉市で体験実習を実施した。国宝青井阿蘇神社を拠点にしながら人吉市観光協会や観光課、商工会議所、さくら会、婦人会などが連携して受け入れ体制を整え、さらに地元の高校である球磨工業高校生も参画して体験プログラムに磨き上げを行っていた。

生徒の多くは人吉のことを知らずに訪問し、地元の方と触れ合い体験プログラムを進めるなかで興味・関心を高めていた。なかでも地方に住む同世代（高校生同士の交流）との交流は、時間をかけずに溶け込むことができ、双方が積極的に自らの地域を教え合う場面も見られた。松蔭高校の修学旅行は、地元の多大な協力を得ながら2年連続して実施された。

上記の取り組みは、人吉市や我々だけの一方通行の取り組みではなく、訪問した後は互いを思いやり、所在地で何ができるかを検討しながら実現可能なメンバーが集い、動きを固めてきた。毎年テーマを掲げることで、時には1つ1つの道のりが思うように進まないこともあるが、青井阿蘇神社を拠点としながら人吉商工会議所青年部や女将の会である「さくら会」など、多種多様な組織との交流を通してゆるいネットワークを繋ぎ、ゆるい関係性を繋げることで相互に理解が深まり、交流が活発になった。

こうした繋がりはその後、さまざまな関係者の協力を得ながら「鹿児島カレッジ」（西日本旅客鉄道株式会社・鹿児島県が主催）のプロジェクトへと発展し、さらに、参加大学やエリアを変更しながら発展して現在（2022年度は瀬戸内カレッジ開催）に至っている。

4-2. 再来訪の意向が強い市町村との取り組み事例：その2　鹿児島県南大隅町のケース

◉──（1）鹿児島県南大隅町の観光スポットとその取り組み

鹿児島県南大隅町は、本土最南端北緯31度線に位置し、ハイビスカスやソテツ、椰子の木など亜熱帯地域の植物を至る所で見ることができる。また、山・川・海の距離が非常に近く雄大な景色が一望できることも特徴である。

図表6-2 南大隅町の主要観光地入り込み客数（実数）

（単位：人）

	年	1月	2月	3月	4月	5月	6月	7月	8月	9月	10月	11月	12月
雄川の滝	2016	0	0	0	681	4,090	0	0	0	3,154	1,979	3,077	2,227
	2017	1,236	0	1,548	3,851	9,238	3,805	6,038	12,089	6,703	4,840	5,129	2,678
	2018	4,002	4,439	9,977	13,780	18,307	9,820	13,427	30,735	17,528	16,484	16,766	9,064
	2019	12,316	7,355	10,534	13,086	19,020	6,291	5,241	14,196	9,233	10,214	8,481	5,122
	2020	6,622	5,841	9,196	3,097	0	2,433	2,590	15,582	7,786	8,013	9,560	4,897
	2021	4,419	3,905	5,473	5,476	9,937	2,985	7,730	6,660	9,247	8,332	7,018	5,097
佐多岬	2016	3,576	2,239	4,319	2,854	6,000	1,813	3,586	7,192	3,679	3,679	2,638	2,286
	2017	3,263	1,536	3,015	3,096	6,969	1,395	3,120	10,134	5,374	5,072	5,656	4,060
	2018	8,005	4,049	7,461	9,720	13,450	5,342	6,889	11,487	8,047	8,322	8,189	4,483
	2019	7,325	4,487	9,701	13,806	25,049	7,716	4,909	10,777	8,699	10,511	9,815	5,329
	2020	9,049	6,085	8,563	3,436	0	2,880	3,078	11,309	6,846	8,389	10,117	5,205
	2021	5,454	4,559	5,831	5,870	9,675	3,332	5,921	7,617	8,363	7,988	7,016	5,278

出所：南大隅町役場観光商工課より提供データを筆者が作成したものである。

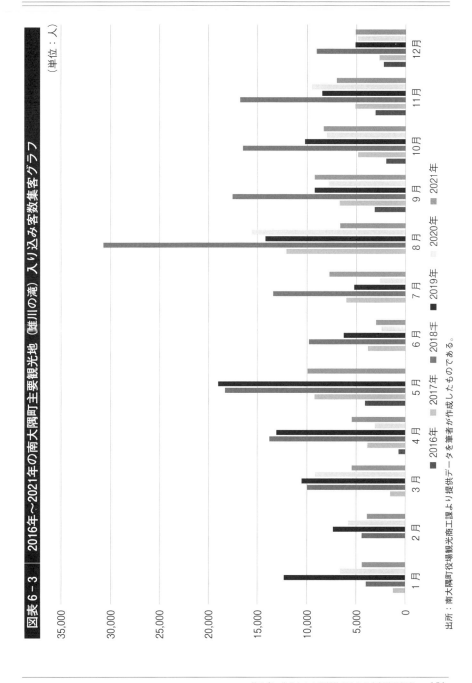

図表 6 − 3　2016年〜2021年の南大隅町主要観光地（雄川の滝）入り込み客数集客グラフ

（単位：人）

■ 2016年　■ 2017年　■ 2018年　■ 2019年　■ 2020年　■ 2021年

出所：南大隅町役場観光商工課より提供データを筆者が作成したものである。

現在、町の総人口は6,282人（男性：2,979人、女性：3,303人）、3,081世帯数であり（鹿児島県人口動態調査2021年10月１日現在）、人口減少がますます深刻化している。

　そうしたなか、2018年西日本旅客鉄道株式会社の鹿児島キャンペーン「とある島。」のポスターに町の観光スポットの１つである「雄川の滝」が起用され話題を集めたことをはじめ、NHKの大河ドラマ「西郷どん」のオープニングでも同じ場所が起用されたことから、多くの観光客が「雄川の滝」へ押し寄せ、エメラルドグリーンの滝壺を楽しむ姿が見受けられた。**図表 6-2**、**図表 6-3** で示すように、2018年の３月以降は、南大隅町の総人口を超えた観光客数となっている。特に、５月や８月の大型連休や夏休み期間には、近隣のエリアのみならず全国各地から観光客が訪問していることが明らかとなった（**図表 6-2**、**図表 6-3**）。

　その後、2019年３月、霧島錦江湾国立公園内の本土最南端にある「佐多岬」では、環境省・鹿児島県・南大隅町が連携し一体的な整備が完了した。雄川の滝と共に町の観光スポットの新たな誕生となりコロナ前には「雄川の滝」と同様、過去最高の入り込み客数となった。また、**図表 6-4** で示したとおり、これまでは「雄川の滝」か「佐多岬」のどちらか１カ所の訪問が、2019年以降、特に大型連休や夏休み期間は、２カ所同時に訪問していることが推測できる（**図表 6-2**、**図表 6-4**）。

　しかし、南大隅町の課題は観光スポットを結びながら楽しむ観光ルートの開発である。「雄川の滝」と「佐多岬」の２つの観光スポットは、車で約１時間要し、自家用車以外の移動手段として二次交通が整備されなければ、運転免許を持っていない若者や高齢者などは再訪しようという意思が低くなる。また従来から取り組まれている大隅半島広域の取り組みにおいても、観光スポットのエリアが広範囲にわたるため、同様に、二次交通の整備が課題でありリピーターとして再訪しづらい状況である。

　そこで南大隅町は、もう１つの広域ルートである指宿市から高速船を利用した誘客に着目した。砂蒸温泉で有名な指宿市は、旅館やホテルが多く建ち並ぶ観光地である。このエリアを訪問した観光客に指宿港から対岸の根占港に高速船で渡り、南大隅町の観光も楽しんでもらうという戦略である。そのために、

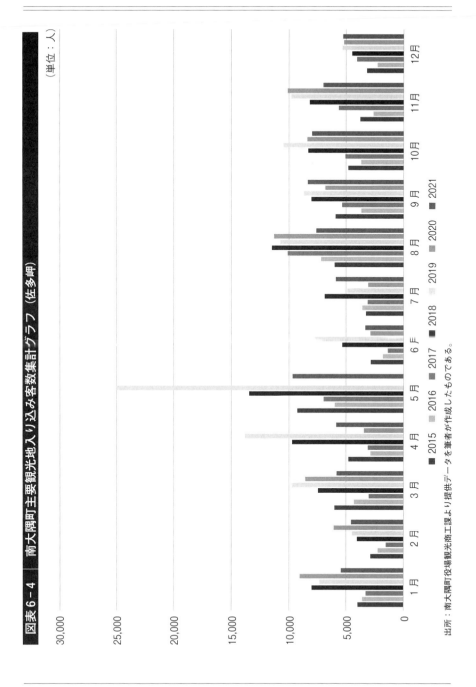

図表 6 - 4　南大隅町主要観光地入り込み客数集計グラフ（佐多岬）

（単位：人）

2015　2016　2017　2018　2019　2020　2021

出所：南大隅町役場観光商工課より提供データを筆者が作成したものである。

指宿市や市内の旅館やホテルと連携しながら、高速船の到着に合わせて無料周遊バスの実証を行った[1]。指宿市を長期滞在する観光客にとっては、対岸に渡り南大隅町という新たな観光地での体験を通して鹿児島県への探究心をさらに掻き立てられるルートである。指宿市と南大隅町の広域でより一層連携を強め、無料周遊バス実証後も有料での周遊バスを継続して取り組んでいる。新たな観光ルートの開発は、従来の景色とは異なるためリピートにつながる傾向が強い。

●——（２）南大隅町Deep Trip Ambassador就任

「カレッジ」のプロジェクトでは、南大隅町に2012年度「鹿児島カレッジ」で初めて訪問して以来、２度目（2016年度「南九州カレッジ」）の再訪となった。以前よりも産業が、特に第一次産業のブランド化が進んでいた。例えば、南国のような気候のもとで作られたトロピカルフルーツやパイナップル、ライチをはじめ本土最南端で１つ１つ丁寧に作られる「楽塩」や無農薬で栽培されている「和紅茶」、地元で収穫された農産物から抽出して作られている化粧品関連など、多種類にわたっている。

ところで、町の観光スポットが整備される一方で2017年、南大隅町は若者の観光促進を図るため福岡、関西、南大隅町の３つのエリアから「南大隅町Deep Trip Ambassador」を選任し、ファン層の創出とリピーターの拡大を期待する取り組みがスタートした。

我々が関わった関西エリアから就任した学生（神戸松蔭女子学院大学の学生）の主な活動拠点は、関西・中部エリアでの鹿児島県イベントにおける南大隅町の観光PRであった（**図表6-5**）。学生自身が経験してこそ得られた知識やエモーショナルな部分に関して、素直に表現し共感を呼ぶことができ、南大隅町への誘客促進にも繋がった。さらに、関西に組織がある郷土会「関西南大隅会」（当時の会長 中村睦朗）にも所属し約670名の会員と繋がることで、南大隅町への愛着を深めていった。

出所：筆者撮影。
注：京セラドームで開催。初代アンバサダーの先輩たちも応援に駆けつけてくれた。

5. インタビュー調査によるゆるい繋がりがもたらすリピーターの要因

　本節では、人口減少が深刻化している市町へ何度もリピートしている卒業生にインタビュー調査を実施し、ゆるい繋がりがもたらすリピートの要因について検討する。

　□調査期間：2022年5月20日～2022年6月25日
　□リピーターの卒業生：12名
　（卒業から7年目：3名、6年目：2名、5年目：2名、4年目：2名、3年目：3名）

□質問内容

　Q1：訪問回数（学生時と社会人になってから）

　Q2：訪問理由

　Q3：リピートの目的

　Q4：その後の交流の仕方

　Q5：コロナ禍に思うエリアのこと

　Q6：今後の希望・期待すること

5-1. 学生時から現在までの訪問頻度とその理由

　12名の共通点は、卒業旅行で再訪していることである。特に社会人になってから一番多い人で6回の再訪、続いて2～3名が3～4回の再訪であった。共に旅するメンバーは異なるが、カレッジの時に年齢や立場に関係なくつながったゆるいコミュニティに自らの居場所があり、訪問する度に新しいメンバーが加わり楽しい空間がつくられていく面白さが再訪のきっかけとなっていた（図表6-6）。

　また、学生時代にAmbassadorや観光PRガールの委嘱、さらに巫女の経験をきっかけに、市町への関与を高め、「第2のふるさと」としてその後の市町の変化を楽しんでいる人もいた。

5-2. 交流方法と訪問エリアに対する期待

　再訪したエリアについて12名全員が「パワーチャージができるところ」や「パワースポット」、「アナザースカイ」、「第2のふるさと」など、他では得られない点を挙げている。記憶に深く残る経験をしたからこそ情緒的な価値が得られ、特別な場所となった。Ambassadorや観光PRガール・巫女の経験は、地方の伝統あるお祭りや文化事業への参加を通して、多くの方と触れ合いながら進めてきた。そこには、普段の生活でなかなか関われない立場の方（例えば宮司や議員、市長・町長、中小企業・大企業の社長、商店街の組合長など）や年齢の異なる層の方とゆるい会話を通して多様性を認め合い、共感し、対話を楽しめ

図表6-6　再訪した理由について

被験者	再訪した理由	Q2：再訪した理由
A	・理由として一番大きいのは現地の皆さんに会いたい気持ちです！今まで知り合う事ができた地方に年に一度訪れる事が出来るのは私にとって、旅の醍醐味でもあります。（これは皆さんが笑顔で待っていてくれるからこそ…等） ・グルメも毎度楽しみにしてくれる事も魅力です！	・旅先に「おかえり！」と喜んでくれる人がいると凄く嬉しいし、旅の醍醐味や、観光やスポット、もちろん街並みや、また来たい場所になった
B	・大学3年生の夏に大阪事務所のインターンシップを経験し鹿児島が大好きになった！カレッジでは指宿の観光協会のおもてなしをうけて観光業界の面白さ、人の温かさに触れ行くことを伝えると「おかえり！」と迎えてくれる	・卒業後までも縁のある鹿児島に遊びに来たいと思ってきた場所になった
C	・人吉市の人のあたたかさに心を奪われアットホームな空気感に帰りたくなるので何度も訪れたくなりました。 ・尾道市の美味しいグルメに魅せられ色々な種類の食べ物の食べ歩きをしたかったので同様も訪れました。	
D	・初めて訪れた時から、地元の方々のフレンドリーさに驚き！昔から島から錯覚するくらい温かく迎えてくれさった。みなさんの人柄、九州のノリの良さに感激！ ・おくんち祭りより、前夜祭、後夜祭の交流が楽しかった！（直会の様を開めての同様だったけど！笑） ・巫女さんの格好までさせて頂けて、街を歩けるのも楽しかった！（毎年、三部いたのだけど） ・南井阿蘇神社のお祭りの中で見学させてもらったり、いい特別な経験を取り上げてもらい新聞にも正在してもらえる！制服を着て活動したかった！ ・雄川の滝の絵景色に魅了されたから。	
E	・お世話になった方に会うことができたから。 ・行ったことのない新しいスポットに行けることが楽しみだから。 ・鹿児島県の自然が好きだから（特に雄川の滝、ゴールドビーチから見た空と海が大好き！）	・地元の方々のあたたかさ（快く迎え入れてくれた）
F	・地元独特の伝統イベントに地元の方々と同じようにイベントに参加できたこと ・本場のお酒の美味しさに感動 ・2回目以降は故郷に帰ってくるような安心感を感じ	
G	・青会社で主体的に動けるような機会が少なかったのですが、3回生の時に参加した南九州カレッジに参加後、九州の良さをすごく感じた。その後、おくんち祭りに2年連続で参加させていただいた。その際お食べものや食品が美味しく地元の方々の温かさをすごく感じた。 ・はじめて主体的に動けるようになったキッカケであるカレッジ「西郷どん」をキッカケに有名観光地となった雄川の滝。初心に戻って自分自身を見つめ直す見学をしたいから。	・初めて訪れた地に戻ってから社会人になってから勤進する町並をいつまでも見学したい。
H	・人生で初めてのアンバサダー。 ・熊本城の温かさが忘れられない「箱庭どん」震災後も復興する姿を見届けたい。 ・阿蘇は特に温暖近に感じ大的に好きなアーティストNissyのMVでも阿蘇で撮影しており、また行きたいと思っている。	
I		・初めて行った時のお祭りと直会の楽しさが忘れられない。 ・人があたたかくていつ行っても歓迎してくれる大好きな場所なので。
J		・地域の方達の温かさや人柄に惹かれたから、またその地の人たちに会いたいと思ったから。 ・たまに箱温泉が私のパワースポットだから ・自然が豊かで美味しいから ・案外新幹線でひゅーんと行ける距離だから
K		・まだ行ってない場所があるので行ってみたいと思いました。 ・まだ経験したことのない体験があるから、まだしたことのない普通はあまり経験しないことを実感しました。 ・民泊体験でおくんち祭りなどとっとない地方の上に地元の人との交流により、人の温かさ、パワーをもらった。またい小さな黒豚を抱かせてくれたりと思い。 ・かけないことをさせてもらえる地元の方々の温かさを実感した。	
L		・鹿児島の人たちがとてもあたたかく、またその人たちに会いたいと思ったから。 ・鹿児島は思い出がたくさんあり、また行ってみたいと思ったから。 ・大好きな仲間との思い出の地を訪れたいと思ったから。

出所：調査に基づき筆者作成。

る空間が形成されている。そのため、彼女たちは居心地よい場として再訪を決定していることが明らかとなった。

　今後期待することは、パートナーや家族など新しいメンバーとともに「第2のふるさと」を訪問し、ゆるやかな繋がりを築いていくことで、関係性の継承を目指すことである。

5-3. 小括

　前述した①ファン型、②変化型、③習慣型、④無関心型の4つのリピーターのタイプは、人口減少で地域の過疎化が懸念されている地方においては、伝統や祭り、イベント（例えば農業体験など）に参加するなど強い記憶に残る経験の有無により、①ファン型や③習慣型のリピーターになる可能性はある。しかし、単にこれまでの旅行プランに沿って観光地巡りをしていると、ゆるい結びつきもできず、④無関心型となり、リピーターへの期待は極めて低くなる。

6. まとめ

　リピーターの特性は、体験を通して「満足価値」を得る従来型観光（旅行商品のプランどおりに進めていくこと）を求めるのではなく、さまざまな分野の人たちとゆるい繋がりを通して偶発的に何かが生み出され、共有し共感が得られる「経験価値」を求めている。例えば、Ambassadorや巫女という体験を通して多くの人と繋がり共に語り合った経験は、記憶に残りリピーターの創出に繋がっている。

　人口減少により地方の過疎化が進んでいる地域においては、物見遊山で観光客を集めるだけでなく関係者間のゆるい繋がりのなかで、その地域に行かなければ得られない地域産業や新たな事業・サービスやプロジェクトなど、それぞれの物語性を創出し、繋げ、構築することが重要である。そこにはもちろん、伝統的な祭りの継承や文化産業の継承も取り組むことが求められる。そのためには、リピーターの行動特性や醸成要因を把握し、地域ならではの観光におけ

る基本計画の政策効果を検証し、持続可能な観光の実現に向けた新たな事業活動を生み出し、付加価値の源泉を創り出すことも必要である。これが創造的観光の目指すところである。

〈謝辞〉
本章の研究を進めるにあたり、熊本県人吉市、国宝青井阿蘇神社宮司 福川義文氏、語り部 立石芳利氏をはじめ関係者の皆様、南大隅町商工観光課 黒瀬謙太氏をはじめ町役場関係者の皆様には、多くのデータや資料を提供頂きました。厚く御礼申し上げます。そして、本研究の遂行にあたり、快くインタビュー調査にご協力頂いた青谷ゼミ卒業生12名（前田［中東］里華氏、増本有香氏、松浦［児玉］美沙氏、入澤［芳原］静愛氏、瀧本さくら氏、河本莉加子氏、渡邉優衣氏、竹原央華氏、菅［中野］美幸氏、小柴美歌氏、澤村美月氏、三谷千晶氏）の皆様に感謝いたします。ありがとうございました。

（1） 現在は、2022年3月1日～2022年11月30日まで毎日1日1便運行し、1人2,500円としている（途中乗車・途中下車を不可能としている）。また運行事業者は二川交通によって行われている。ルートは、指宿港→根占港→佐多岬→伊座敷商店街（昼食）→雄川の滝→なんたん市場→根占港というルートである（南大隅町役場提供資料に基づく）。

第 7 章

観光地域マネジメントと観光映像

木川剛志　*Tsuyoshi KIGAWA*

1. はじめに

　観光誘客、観光消費額の向上、さらには世界各地からの訪日観光客誘致には映像メディアコンテンツが重要な役割を担う。2014年にGoogleが発表した調査結果では、観光旅行客の65％、ビジネス旅行客の69％が旅の行き先を決定するのに映像コンテンツも含めたインターネットで得られた情報を参考にしている。また、旅行客の83％はSNSや映像、写真によって旅への動機を与えられ、そのうちの42％がYouTubeからとしている（Ipsos MediaCT 2014）。このように観光の動機形成、目的地の決定に映像メディアが大きな影響を与えている。現在は、2014年よりもスマートフォンといった情報端末が普及し、Wi-Fi環境の整備がなされているので、この数字よりもさらに観光映像の役割はますます重要となっていると言えるだろう。

　観光映像は、団体旅行から個人旅行へ、見学型観光から体験型観光へと、近年の日本における観光の形の変化とともに、目指す形は大きく変化している。2014年のまち・ひと・しごと創生法による地方都市への移住促進が求められると、地方都市の魅力を伝え移住者を求めるシティプロモーション映像が全国各地で生まれるようになった。また、2017年に日本版DMO（「観光地経営」の視点に立った観光地域づくりの舵取り役である法人−観光庁）の登録制度がはじまり、「交流人口」の考えが広がって、観光誘客が地方再生と連動して考えられるよ

うになり、地域の政策で示された観光戦略と足並みをそろえた観光映像が生み出されるようになっている。

　日本版DMOの設立が進み、単年度計画ではない長期的視野に立った観光戦略が地方で構築される時代となっている。今、求められる観光映像は、知名度向上を主たる目的としていた時代のものとは異なり、誘客を促すだけではなく、高付加価値の観光商品によって観光消費を向上させ、さらに実際に観光した人々が応援し、その魅力を伝えてもらうことを実現するためのツールとしての映像である。さらに、映像の視聴者データから、将来的顧客の属性や興味、映像によってどれだけの人々が観光地を訪れたかを分析し、その結果の検証からより効果的な観光映像のあり方を示すこと、また観光映像が生み出す経済効果を算出するといった、デジタル・マーケティングが求められている。

　2020年以降の世界的な新型コロナウイルス感染症拡大による観光業への大きな打撃は、観光業のあり方だけではなく、観光映像の方向性も大きく変えた。これまでは既知の自然、風景、文化を紹介することが観光映像の目的であったが、FITすなわち、個人の海外旅行（Foreign Independent Tour）または海外旅行者（Foreign Individual Traveler）が観光戦略の主要なターゲットとなり、なぜ人は旅をするのか、ということを問いかける映像も増えている。このような時代において、観光映像は旅の楽しみ方を紹介するツールともなり、ニューノーマルにおいては観光そのものを問うものとなっている。ここでは観光映像の動向を確認しながら、ニューノーマルにおける観光地のコンテンツ・メディアづくり、プロモーションの手法を考察する。

　本章では、観光誘客、デジタル・マーケティングにこれからますます重要となる観光映像の特性を紹介すると同時に、これからの時代に求められる観光映像について考える。

2. 観光映像とは

　映像作品が地方の魅力を描き、その作品が多くの人々の目に触れることで観光誘客が進んだ例は、日本全国に数多くある。例えば国民的映画として知られ

る映画「男はつらいよ」シリーズでは渥美清演じる主人公「車寅次郎」が全国の地方都市を歩き、豊かな風景の中に生きつづけている人情を描いている。ロケ地となった地域は観光地として全国に知られるようになり、観光に寄与してきた。また、NHKの大河ドラマも地方を舞台として制作し、地域では観光客が目に見えて増え、物語にまつわる観光商品の開発も進む。また、近年における日本映画のあり方を変えたと言われる映画「おくりびと」（2008年公開）は、地方が単なる懐古的な人情と豊かな自然だけではないことを示した。地方に息づく"文化"を物語に描き、第81回アカデミー賞外国語映画賞を受賞するなど、世界的に評価された。地域は古いだけではない、日本の本質的な文化が生きている場所である。

　一方、観光映像は、映画やテレビ番組がもたらすような副次的な誘客効果ではなく、観光誘客そのものを目的としている。観光映像には、誘客対象や範囲などでさまざまな形態があるが、後述する国際観光映像祭ネットワークCIFFTでは4種類6部門に分けて審査している。観光誘客を目的としたもの（Tourism Destination）、観光体験を伝えるもの（Tourism Product）、観光体験を得るための施設や手段提供（Tourism Service）、そして個人旅行やインフルエンサーの映像となるIndependent Tourism Filmである。例えば、観光地への誘客を測るものはTourism Destination映像となり、そこで提供される食や文化観光を伝えるものであればTourism Productのカテゴリーとなり、ホテルや交通機関の映像はTourism Serviceとなる。

　国際映像祭の基準では、以上のような映像カテゴリーとなるが、日本の場合、独自の観光映像の発展の経緯から、海外よりもシティプロモーション映像が多いことが特徴となる（図表7-1）。

2-1. 従来型観光映像

　誘客に観光映像を用いる発想自体は新しいものではない。例えばJRグループ各社が主導して行うデスティネーションキャンペーン（1978年より始まる）における広告では駅に掲示されるポスターだけでなく、多くの視聴者に向けたTVコマーシャルなども制作される。現在では、このような地方誘客に向けた

図表7-1	観光映像の種類		
観光映像の種類	目的	対象者	特徴
従来型観光映像	観光促進・宣伝媒体	観光客	観光協会の意向が強い ストーリーが弱い
シティプロモーション 映像	知名度の向上・ 移住促進 地域住民の理解の向上	地域の住民・ 移住希望者	日本では多い 明確なゴールがない
DMO時代の観光映像	観光客の誘致 観光戦略の地域への 周知	観光客・訪日外国人	観光戦略に基づいた 映像

大規模なキャンペーンのための観光映像だけではなく、2000年以降の映像機器の廉価化やYouTubeをはじめとした発信手段の多様化によって、プロフェッショナルの手による映像だけでなく、観光地の当事者が制作する映像など、地域発の多様な映像コンテンツが増えている。

1994年に山口県のテレビ山口が開催した「ふるさとCM大賞」は、2000年以降全国各地で開催されるようになった。多くの「ふるさとCM大賞」は自治体職員や学生といったアマチュア層が制作し、ふるさとの良さをアピールするコンテストであり、各地の地上波やケーブルテレビで放送されるものである。このように地域における映像の作り手が多様化し、地域における映像作家の技術が向上するようになって、地域産業を支えるための地域ブランドとしてローカルコンテンツを作成する試みも行われてきた（経済産業省 2010）。

一方で現在、海外における観光映像祭において受賞するような、世界水準の観光映像が日本で制作されるようになるのは、2014年以降の移住促進映像や日本版DMOの設立まで待つ必要があった。それ以前の観光映像は、動画の可能性を十分に活用するものではなかった。観光パンフレットを単に動画にしただけのもの、観光協会が協会の会員を紹介するものであり、現在のような個人旅行者（FIT）を対象としたニューツーリズムに対応したものは少なかった。

2-2. シティプロモーション映像

　現在の日本全体の観光政策の背景には焦眉の課題の「地方創生」がある。日本の総人口は2016年から減少に転じ、高齢化率もますます高まっている。また、今後も国立社会保障・人口問題研究所が発表した将来推計人口（国立社会保障・人口問題研究所 2017）が示すように、人口減少は止まることはなく、特に地方において過酷なものとなることが推計されている。このような人口減少の時代において、地方の維持、持続的な発展のために、観光誘客が目指されている。

　2014年より、まち・ひと・しごと創生法（平成26年法律第136号）、いわゆる地方創生の政策の一環として、総務省の事業の中で、知名度向上と移住促進のために、地域をPRする映像事業が全国各地でスタートした。移住促進映像では、当初は住民に対するサービスや住みやすさをアピールするものが多かった。しかし、実際に移住してもらうのはハードルが高い。そのうちに移住促進をうたいながらも、地域の自然や食といった観光資源をアピールする画像が増えていった。まずは観光で来てもらおう、気に入ってくれたら移住も考えてほしい。そして、移住そのものを訴えるのではなく、知名度の向上や、その街の魅力を可視化する映像が一般的な移住促進映像となった。このような映像をシティプロモーション映像と呼ぶ。シティプロモーション映像では明確なターゲットとゴールは設定されず、達成すべき数値目標も立てられないことが多い。これは日本の独自のスタイルであり、このようなシティプロモーション映像は、諸外国では少ない。

2-3. DMO時代の観光映像

　人口減少期を迎えた現在、観光による交流人口、関係人口の拡大は重要な目標の1つとなっている。2015年に観光庁が発表した「観光交流人口増大の経済効果」において、定住人口1人当たりの年間消費額は125万円であるとされ、これを旅行者の消費に換算すると外国人旅行者8人分、国内旅行者（宿泊）25

人分、国内旅行者（日帰り）80人分に相当する。この数字を根拠とし、移住促進以上の地域の消費額拡大に観光が貢献すると考えられるようになった。2015年11月18日より日本版DMO候補法人の登録制度が創設され、2019年に「観光地域づくり法人の登録制度に関するガイドライン」が示され、地方の観光マネジメントにDMO法人が中心的な役割を担うことを期待されるようになった。DMOでは年度ごとの戦略ではなく、長期的目標が必要となり、明確なKPIの設定と健全なPDCAサイクルの運営が求められている。DMOが主体となった観光映像の制作では、観光協会の枠にはとどまらず、農業分野や林業分野といった体験型観光との連携も視野にいれているものが多い。また、交流人口の拡大による消費額の増加を目指して、海外旅行者に対して、日本の魅力を伝える映像も増えている。

2-4. バーチャルツーリズム映像

　2020年の新型コロナウイルス感染症拡大にともなって、現地に向かわずに行う"バーチャル観光"が盛んとなった。また、仮想空間を目的地としたメタバース観光も一般的となり、バーチャルOKINAWAなどが注目を集めている。これはコロナ禍だけにおける一過性のことではなく、今後の観光においても重要な意味をもつ。例えば世界遺産に選ばれている福岡県「沖ノ島」のように上陸が一般観光客にとって難しい島、入山制限があるようなジオツーリズムサイトにおいては、視覚として鑑賞するバーチャル観光だけが唯一の観光の手段となる。そのための没入感を得るために、VRゴーグルを使用したり、ドームシアターで上映するような全天周観光映像も今後の発展が期待されている。

3. 観光映像によるデジタル・マーケティング

　現在の観光映像の多くはテレビ放送ではなく、インターネットを介して鑑賞される。多くの場合は、個人のスマートフォンといった情報端末で見られており、それらは個人情報と紐づいているので、鑑賞されること自体がビッグデー

タを得ることとなる。このようなデータは、観光映像の効果検証、また次の観光戦略のためのエビデンスに活用されるので、観光映像はデジタル・マーケティングに重要なツールとなっている。

　観光映像は鑑賞者を実際の観光地に運ぶことを目的としている。現在、観光映像を鑑賞した人が実際に観光地に向かったどうかを検証する手法も少しずつ開発されているので、今後は観光映像がどれだけの観光客を誘致し、それによって得られる経済効果も算出可能となることが期待される。また、観光映像が広い層、多くの視聴者に見られることによって、どのような観光資源に視聴者は興味をもっているのか、また年齢や性別といった属性、などのデータを検証し、観光地の潜在的な顧客層を見出すことも重要である。そして、そのような潜在的な顧客層に届ける観光映像を制作し、新しい誘客の形を構築する。このようなデジタル・マーケティングを通じた、観光映像のPDCAサイクルも重要な課題となっている。

3-1　YouTube、SNS

　現在、観光映像を掲載するプラットフォームとして最も一般的なものはYouTubeである。YouTubeでは映像がどの地域で見られているのか、また、見ている人たちの背景を読み解くことができる。これらによって、映像配信をすることによって、そのコンテンツに興味をもっている人々の属性を理解することができる。

　またFacebookなど顔を見せるSNSにおける情報提案も重要である。またYouTubeやFacebookなどのSNSにおいては個人であっても広告費をつかうことによって、より多くの視聴者を確保することができることも大きな特徴である。これらの広告では、男女、年齢層を絞った対象に向けての広告を打つことが可能であり、効率的に広告を展開できる。

3-2.　TIG実装映像

　観光映像を用いたデジタル・マーケティングにはさまざまな方法がある。動

画の特性として、印象として全体像を伝えるのには適したツールであるが、多くの視聴者は見終わった後に次の映像に向かい、個々の観光地の詳しい情報にアクセスすることは少ない。そこで新しい情報提示の形として、パロニム社が開発したTIGというシステムがある。これは、映像を鑑賞しながら、画面をタッチすることによって興味のある要素を記録し、映像観賞後にリスト化された情報を鑑賞者に提示する。そのリストから、視聴者はより詳しい情報のサイトに遷移することができる。このように視聴者に対して、より詳しい情報を提示することだけでなく、追跡が困難であった視聴者の興味の動向などもデータとして確保することができる。

3-3. 観光映像エコシステム

エコシステムは生態系を示す用語であるが、ビジネスの現場においては、さまざまな企業サービスを繋げることによってシナジー効果によって大きな効果を求めるシステムのことである。日本国際観光映像祭と連携する観光映像プロモーション機構では、観光における顧客の動機付けから予約サイトへの誘導、さらに顧客データから地域のさらなるブランディングを目指す、観光エコシステムを提案している。

観光エコシステムでは、観光映像を“リッチコンテンツ”として理解し、再生回数だけにこだわらず、将来的に可能性のある顧客層に対して最も効果的に届ける手法、なども検証する。このような検証によって、顧客端末から得られる情報に応じて、同じ観光地の映像でも異なった要素を提示するなど、よりカスタマイズされた観光映像のあり方を将来の形として模索している。（**図表7-2**）。

4. 観光映像の評価

筆者は日本国際観光映像祭を主催し、海外の観光映像祭でも審査員をつとめており、1年間に数百本の観光映像の鑑賞、審査を行っている。観光映像の評

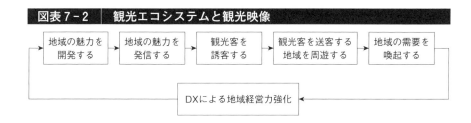

図表7-2　観光エコシステムと観光映像

地域の魅力を開発する → 地域の魅力を発信する → 観光客を誘客する → 観光客を送客する地域を周遊する → 地域の需要を喚起する

DXによる地域経営力強化

価においては、本来は観光映像は観光誘客のためのものなので、観光客入り込み数、消費額に映像がどれだけ貢献したか、が最も重要なポイントとなる。しかし、それらの数字と観光映像との関係が現段階では明確ではないので、評価の指標はYouTube再生数といった目に見えるデータか、識者による評論もしくは受賞結果に委ねるしかない状況である。今後はデジタル・マーケティング手法の発展により、その経済効果を算出することができれば、定量的な評価も重要な評価のポイントとなる。

　海外の観光映像祭では、観光映像の受賞発表だけでなく、良い観光映像とは何か、が議論されてきた。現在、観光映像祭の審査員の間で共通認識として広がっている観光映像の重要な三要素は「スリーミニッツ」、「ノーデータ」、「ストーリーテリング」である。尺は3分程度（スリーミニッツ）、余計な観光情報は入れず（ノーデータ）に映像で表現する、物語で描く（ストーリーテリング）、ということである。重視されるのは"情報提示"ではなく、"共感"である。

　共感を得るためには"感性"に訴える映像を届ける必要がある。そのために「ノーデータ」、「ストーリーテリング」をしっかりと考えなければならない。「ノーデータ」は観光情報に頼らない、つまり観光地を比較可能な"スペック"で語らないことである。例えば「綺麗な海」の美しさを映像で表現しても、それは世界のもっと綺麗な海との比較の勝負になってしまう。そうではなく、観光客にとって最も重要なことは海と触れ合う感動であり、どのようにその海を楽しんでいるか、であり、その海の情報を届けることではない。

　海外の映像の多くでは、知名度向上といった漠然としたゴールは設定されない。どのような顧客層に何を知ってもらうのか、といった明確なゴールが設定され、ゴールの実現のために、クリエイターの才能を最大に活用し、ストー

リーテリングが導く感動によって人を動かす観光映像が求められている。

4-1. YouTube再生回数、CM換算費

　現在、観光映像の評価指標としてわかりやすいのは、YouTubeにおける再生回数である。しかし、この"わかりやすさ"が、観光映像特有の問題を引き起こすこともある。評価指標を再生回数に置いた場合、発注者はできるだけ多くの再生回数の実現を制作者に求める。多くの再生回数を実現するためには、映像制作者は"バズる"映像を作る。いわゆる"炎上"を引き起こしかねない表現を用いた映像や芸能人を登用した映像、派手な映像でテレビ番組などに紹介されることを目的とした映像制作が行われる。実際に、このような映像がバズってテレビ番組や雑誌などで紹介され、観光地の知名度を大いに高めることもある。このようなマーケティングでは、メディア露出を広告費で行った場合の費用、CM換算費が算出される。"バズった"観光映像では、総製作費以上のCM換算費となることもあり、それらは成功事例と言われることもある。しかし、一方で炎上によって公開まもなく停止せざるえなかった映像や、芸能人の起用によって短い期間だけの公開となり十分な効果を得られなかった例もある。また、地域を面白おかしく表現し、それによって再生回数は伸びても実際に観光客の誘致に繋がっているのだろうか、と疑問を感じるような映像もある。これらはYouTube再生回数を過剰に評価として考慮した弊害と言える。

　また、再生回数だけではなく、その映像には視聴者から「高評価」と「低評価」がつけられる（現在のYouTubeの仕様では「低評価」は表示されなくなっている）。実際には数千万回の再生回数があった映像でも「高評価」よりも「低評価」が圧倒的に多い映像もある。そのような場合、多くの人が観光地のことを知ったとしてもブランドは毀損している。これは観光地のプロモーションとしては成功とは言えない。

　実際には、YouTubeの再生回数は、Googleの広告システムによって回数を確保することができる。そのため、再生回数が多ければ良いということではなく、観光地の規模やその映像の目的に応じた適切な再生回数の目標値を設定し、広告費と多様な手段によってその再生回数を確保して、その効果を検証するこ

とが重要である。

4-2. 観光映像コンテスト

　現在の状況では、YouTubeの再生回数やCM換算費のような評価だけでは、観光誘客や観光地域マネジメントに貢献している映像かどうかは判定できない。そのため、識者を審査員とした観光映像のコンテストも行われてきた。それぞれのコンテストでは評価するポイントは異なり、また実際の判定は審査員の視点に大きく依存する。また、観光映像は多くの評価ポイントを含んでいるので、商業CMのコンクールの一部門に置かれたり、SDGsのコンテストで扱われることもある。

　観光映像に与えられる賞として、日本において最も評価が高いのは、アジア最大級の国際短編映画祭ショートショートフィルムフェスティバル＆アジアが運営する「観光映像大賞」である。観光映像部門は2012年からの開催であり、最高賞は観光庁長官賞である。第1回の観光庁長官賞は香川県の「うどん県」が選ばれるなど、社会的インパクトも評価のポイントとなっている。また、第5回には熊本県「うつくしいひと」、第7回には南島原市の「夢」に観光庁長官賞が与えられるなど、映画作品として撮られた映像が高く評価されてきたことも、大きな特徴と言える。

　ぐろ～かるCM大賞は、ぐろ～かるCM研究所が主催するコンテストである。同研究所は、観光PR動画だけではなく、ローカルCMなどを掲載するキュレーションサイトを運営しており、サイトでは「総合インパクト」、「地元密着度」、「インパクト度」、「クオリティ度」の4つの指標から映像を評価し、コメント付きで紹介している。掲載された映像の中、優れた作品については、ぐろ～かるCM大賞として表彰している。CM換算費とインパクトを重視しているところが特徴である。

　地域プロモーションアワードは、一般財団法人地域活性化センターが主催するコンテストであり、自治体からの応募が中心となるものである。パンフレット部門と動画部門があり、動画部門が観光映像のコンテストとなる。このコンテストでは、観光誘客よりも、シティプロモーションや移住促進に寄与する映

像に賞が与えられることが多い。2021年度の大賞は「家族のかたち、大鰐のくらし」（青森県大鰐町）が選ばれており、同映像は雪深い青森の家族の生活を映像で表した映像である。

　日本国際観光映像祭は観光映像に特化した映像祭であり、アワードの授与とともに観光映像に関わる多くの議論を映像祭の中で行っている。2018年から始まり、2020年よりCIFFTに正式加盟している。CIFFTは1989年に設立された国際観光映像祭のネットワークでありUNWTOにも認定されている。2022年現在、11の映像祭で構成されており、日本国際観光映像祭はアジア唯一の映像祭である。この映像祭の特徴は、CIFFTサーキットと呼ばれるシステムであり、各映像祭の受賞にはポイントが与えられ、その累積点数によって世界ランキングを発表している。CIFFT加盟映像祭では「第一印象・インパクト」、「創造性・映像技術」、「表現力」、「主題」、「物語性」、「ゴールの達成度」の6つの観点で映像は評価される。

　アワード（賞）は観光映像の効果を高める点においても重要である。実際に受賞ニュースに関しては適切なプレスリリースを行えば、大きな広報効果がある。また、地元住民や観光客から"応援される"観光地、観光サービスの位置付けを確保することにも大きな効果を発揮する。

4-3.　成功事例

　映像の成功はYouTubeの再生回数のみによって決められるわけではない。富裕層を対象とした宿泊施設の観光映像では、大規模な広告を打たず、限定された層にのみ情報を届けることによってブランディングを行うこともある。観光映像の目的は観光誘客ではあるが、観光地域の持続可能な発展を観光客と観光事業者が一緒に目指す教育的効果も求められるようになっている。また、現在の観光映像の特性として、デジタル・マーケティングとの親和性があり、それゆえに観光戦略の実現のための重要なツールとして観光映像が位置付けられていることもあり、映像そのものでの評価だけでなく、プロジェクトとして評価することも重要である。

　デジタル・マーケティングにおいては、浜松市のようにデジタル・マーケ

ティング戦略に「サーロインの法則」を適用している自治体も増えている。これは観光映像であれば、映像製作費用に３割、デジタル・マーケティング費用に６割、効果検証に１割を使うものである。それは、2,000万の観光映像の費用があれば、600万で映像制作、1,200万をデジタル・マーケティング費用（例えば、YouTubeに広告を用いて400万回再生を確保する）に用いて、200万円で効果を検証するということである。

　このように再生回数やプロジェクトとしての精度など、さまざまな観点で観光映像の成否は測れるが、ここからは具体例を示しながら、観光映像の成功例について考察したい。

4-4. The Route of Fate

　The Route of Fateは、バルセロナを州都とするスペイン・カタルーニャ州の観光映像である。バルセロナは1992年にオリンピックが開催されるなど、聖家族教会など、ユネスコの世界遺産に登録されているアントニ・ガウディの建築作品群が位置するなど世界的に知られた観光地である。そして、世界でも最も早く深刻なオーバーツーリズム問題が顕在化した都市でもある（**図表 7-3**）。

　The Route of Fateでは、カタルーニャ地方に伝わる楽曲を現代風にアレンジしたものが用いられ、女性２人組が１人の歌手が落とした手帳を手がかりに、彼のもとにたどりつくカタルーニャ州をめぐる旅が描かれている。その旅の起点はバルセロナであり、バルセロナであることを示すために聖家族教会も映るが、それは背景として一部が映るだけである。日本における観光映像の多くでは、それぞれの都市の象徴やランドマークとなるもの（京都であれば舞妓や伏見稲荷神社の鳥居）がしっかりと映され、既存の都市イメージを活用するが、The Route of Fateはそのようなやり方をしていない。ここが特筆すべき点である。映像で届けなければいけない風景はバルセロナ以外のカタルーニャ州の観光名所である。バルセロナを起点として、バルセロナ以外へと観光客を運ぶ、という観光戦略と一致したものとなっている。この映像はCIFFTで2018年の年間最優秀映像に選ばれている。

4-5. Yoron Island Japan in 8K HDR-与論島

　鹿児島県与論町は、引き潮の時だけに沖に出現する百合ヶ浜やヨロンブルーと呼ばれる美しい海があり、観光の島として広く知られ、SDGsツーリズムにおいても注目されている。しかし、今のように注目される前には、観光の負の側面が色濃く見えた島でもある。1972年に沖縄本島が日本本土に復帰するまで、与論島は日本最南端の島として、ディスコやホテルが乱立するなど、観光開発が急速に進んでいた。その後、沖縄本島の復帰によって、沖縄の観光開発が進むと、小さな空港しかない与論島の観光業は衰退し、廃墟となった建物が増えることとなった。現在は、このような経験を反省し、与論町は持続可能な観光による発展を目指している。

　「Yoron Island Japan in 8K HDR-与論島」は与論島の観光リゾートだけではない、島の文化や暮らし、それらも含めた島全体の美しさを表現した映像であり、新たなブランディングに成功した映像である。日本国際観光映像祭をはじめ、ポルトガルの映像祭ART&TURなどで受賞している（**図表 7-4**）。

| 図表7-4 | Yoron Island Japan in 8K HDR-与論島 |

また、デジタル・マーケティングにおいても先進的な取り組みをしている。「サーロインの法則」に基づき、十分な広告費用を確保し、広告効果によってSNS上で広く鑑賞されて大きな評価を得て、SNSでシェア拡散されるという流れを生み出すことができている。それはこの映像が視聴者から支持される映像であったからこそ実現したのであり、広告費用だけで行えるものではない。

また、この映像にTIGを実装する試みもされており、ヨロン島観光協会のホームページや現地に置かれている端末ではTIGが組み込まれた映像を見ることができる。このような新しい観光映像の情報発信の仕組みの導入によって、今後のデジタル・マーケティングに生かすシステムが模索されている。

4-6. Moment of Island of Hawai'i

ハワイ州観光局が2017年に制作した映像である。ハワイ州観光局が発信する観光映像には、単なる観光誘客ではなく、そこにはSDGsを意識した教育的な要素が強く含まれている。それはハワイ州において長年にわたって続いてきた住民と観光事業者との間の対話から生み出されてきたものであろう。「Moment

| 図表 7-5 | Moment of Island of Hawai'i |

Moment of "Island of HAWAI'I"

of Island of Hawai'i」は「ハワイ島の自然は、あなたを待っていません。」の
ナレーションから始まる、ハワイ島が築き上げてきた自然との距離感を伝える
映像である。この映像の背景にはキラウエア火山という活火山とともに生活し
てきた歴史があり、ハワイ島の文化背景、自然との関わり方、を理解したうえ
で訪れて欲しい、その強い意識がある。この観光映像を鑑賞することによって
旅行者は、ハワイ島の観光事業者、住民の意思を知り、それに共感したからこ
そ現地を訪れる人も多いのではないだろうか。環境との共生において重要な映
像である（**図表 7-5**）。

4-7. Help

　2020年に発表されたスペインのマドリッドの映像である。新型コロナウイル
ス拡大前は外国人訪問者数のランキングにおいてフランスとスペインは1位を
毎年争っていた。スペインの中では、マドリッドはバルセロナについで観光客
数の多い都市である。観光立国として発展していく際に必然的に起こるオー
バーツーリズム問題に対して、バルセロナはThe Route of Fateのように州全
体へ観光客を運ぶことで解決を目指し、マドリッドは住民たちに観光の原点を
伝えることによって、住民と観光業界との軋轢を解消しようとしている（**図表**

7-6）。

　Helpはマドリッドに住む若者が、これから大切な人を自分の町に迎えよう
とするストーリーである。彼の友人はマドリッドの日常生活の中にある、大切
な人に見せたい文化や風景を紹介する。いわゆるVFR観光（Visiting Friends
and Relatives）である。このような観光を強調することにより、住民たちに
とっても観光は生活の中の一部であり、観光客と住民との間の対話に繋がる映
像となっている。

5. 責任ある観光

　ここまでに観光映像の発展過程、観光誘客やデジタル・マーケティングにお
ける重要性について述べてきた。日本においても人口減少傾向は地方を中心に
これからも続き、それに対して、観光業はこれからも拡大していく。ここにお
いて持続可能な観光地域マネジメントの視点がますます重要となる。観光映像
は、観光商品の購買促進を行うだけでなく、地域の知名度を上げたり、住民た
ちのシビックプライドを高揚させることにも活用される。しかし、一方で観光
は1999年に制定されたUNWTO世界観光倫理憲章がうたうように、持続可能
な地域の発展、文化の尊重、自然保護も目指さなければならない。そのために、
今後の地方の持続可能な発展のためには、観光業が進めがちな乱開発や地域文

化の廉価な商品化とは異なった視点を持つ必要がある。

　CIFFT加盟映像祭でもあるUS international Awardsを築いたLee Gluckman Jr.は観光映像祭の設立目的を"to recognize quality work produced for industry, associations, governments, education organizations whose purpose is to inform, motivate, stimulate or educate an audience."産業界、団体、政府、教育機関のために制作された、聴衆に情報を提供し、動機づけし、刺激し、教育することを目的とした質の高い作品を表彰する、としている。ここで重要になることは、観光映像を見る視聴者を"教育する"という視点である。

　例えば、「Yoron Island Japan in 8K HDR-与論島」を生み出した与論町は、地域住民たちがボランティアで毎朝海岸を掃除する"海謝美"活動や海を汚さないサンオイルの使用の推奨などを通じて環境保護を行っている。また、星空観光のために街灯を光害が少なく、自然に負荷がかからないものへ更新している。このような活動もあり、2021年、オランダを拠点とする国際認証団体、グリーン・デスティネーションズ（Green Destinations）が選出する「世界の持続可能な観光地トップ100選」に選ばれている（**図表7-7**）。これらは観光における教育視点である。

　現在、世界ではグローバル・サステナブル・ツーリズム協議会（GSTC）が設定した評価基準、GSTC-Dによって地域の持続可能性を定量化し、持続可能な観光地への観光を推奨している。日本においてもこの基準を展開した「日本版持続可能な観光ガイドライン」（JSTS-D）が進められている。このような世界的な流れを観光客に理解してもらうための観光映像や、このような基準が実現する"これからの観光の形"を模索し、提言する観光映像が求められている。

6. まとめ

　以上のように観光映像の発展経緯、デジタル・マーケティングにおける活用方法、そして観光の持続可能な発展との関連について記述した。そして、観光映像の評価のあり方についても最新の状況を述べた。ただし、観光映像の評価軸は世界情勢によって毎年、変動し、映像技術の進化も大きな影響を与える。

だからこそ、観光映像の評価は、映像だけを見るのではなく、観光地域のマネジメントの姿勢、デジタル・マーケティングの中でどのように位置付けられているのか、映像のターゲットの設定やゴールの実現など、多角的な視点で行うべきである。

　日本における観光は、現在の人口減少、少子高齢化、地方都市の衰退といった社会課題の解決に向けて進められている。観光視点を地域に導入することによって、高付加価値のある観光商品を醸成し、衰退した地域を再生させるというリジェネレティブの考え方が進められ、その評価も高まり、観光の重要さが地域に少しずつ理解されてきた。しかし、2020年からの新型コロナウイルス感染症の拡大によって観光の脆弱性が明らかとなり、今後の立て直しは急務となっている。しかし、新型コロナウイルス感染症の拡大は、地方における新たな可能性を生み出してもいる。全国でワーケーションといった新しい生活様式が広がり、少しずつでも地方移住が進むきっかけとなっているのも事実であろう。これが今後の日本の形に大きな変化をもたらすきっかけとなるかも知れな

い。

　観光映像は、その時代に応じた表現が求められるがゆえに、時代ごとの観光現象が色濃く現れるものである。観光映像から学ぶものは大きい。

第 **8** 章 ## 着地型観光における課題と推進チームづくり

砂子隆志　*Takashi SUNAKO*

1. はじめに

　地域には、それぞれの特徴を活かし考案された観光商品が多く存在している。例えば、知名度が高い山などの自然景観を活かす場合、近くで観賞する商品、ロープウエイなどに乗車し景観を楽しむ商品、実際に登山を楽しむ商品、キャンプなどのアウトドアを楽しむ商品など、多数の商品が存在しており、観光客にとっては楽しみ方も多様なものとなる。

　観光商品は、山や海など自然景観を活かしたものが中心のように考えられがちであるが、近年では産業関連の観光商品も多く、「産業遺産見学」や「工場見学」等も人気がある。例えば、ビール工場の見学は非常にポピュラーな存在であり、年間見学者数が20万人を超えるような工場も存在する。一方で、工場内見学ではなく、工場を風景と捉え観賞を楽しむ観光客も増えており、工場夜景は今や非常に人気の商品である。

　このような観光は産業観光と言い、近年の旅行スタイルの変化により、一層人気を博している。

2. 旅行スタイルの変化

　日本の観光市場は、旅行スタイルの変化や海外からの旅行者等の影響を受け、近年大きな変化を遂げている。旅行者のニーズは多様化し、従来の物見遊山的な観光旅行に対して、これまで観光資源としては気づかれていなかったような地域固有の資源を新たに活用し、体験型・交流型の要素を取り入れた旅行の形態が主流となった。これは、「ニューツーリズム」と呼ばれている。今では、旅行者を迎える各地域ともにニューツーリズムへの対応が求められており、訪問者、消費額の拡大に向けて重要な課題となっている。

　また、訪問者や消費額の拡大という観点では、近年旅行市場に大きな影響をもたらしている訪日旅行の傾向にも注視する必要がある。2019年の旅行消費額のうち、「訪日外国人旅行」は4.8兆円と全体の17.2％を占めるに至っており（国土交通省観光庁「旅行・観光消費動向調査」2020年年間値［確報］、2021年4月30日発表）、その消費額は、2011年から2019年まで一貫して増加し年々影響力が高まってきた。

　なお、訪日外国人旅行者は、1人当たりの旅行消費額が日本人を大きく上回ることも影響力が大きい要因の1つである。したがって、消費額が大きく客数も増加傾向であった訪日客への期待は大きい。

　砂子（2021）で指摘しているように、このような訪日旅行も体験・交流型が主流となりつつある。近年、旅行形態は団体旅行から自由気ままな個人旅行へとシフトし、リピーターも増加したことから、地域との触れあいを楽しみ、体験型観光を重視する旅行者が増加している。

　したがって、地域は、体験型観光ニーズに合う商品の提供が重要な課題となる。そこで、地域ではこのような観光客のニーズの変化に対応し地元の人たちが知恵を出し魅力的なプログラムをつくることとなった。

3. 着地型観光の現状と課題

3-1. 着地型観光とは

　着地型観光とは、砂子（2021）で示したように、「旅行者を受け入れる側の地域、すなわち旅行者にとっては自らの旅行先となる地域（着地）側が、その地域でおすすめの観光資源を基にした旅行商品や体験プログラムを企画・運営する形態」のことである。観光庁では、着地型観光について、「独自性が高く、ニューツーリズムをはじめ、その地域ならではのさまざまな体験ができることから各地域の魅力を味わううえでおススメである」と解説をしている。なお、「ニューツーリズム」は、従来の物見遊山的な観光旅行に対して、これまで観光資源としては気づかれていなかったような地域固有の資源を新たに活用し、体験型・交流型の要素を取り入れた旅行の形態のことを意味している。例えば、歴史的・文化的価値のある工場等やその遺構等を対象とした観光（産業観光）が挙げられる。学びや体験を伴うもので人気がある。

　また、日本の歴史、伝統といった文化的な要素に対する知的欲求を満たすことを目的とする文化観光、農山漁村地域において自然、文化、人々との交流を楽しむ滞在型の余暇活動であるグリーン・ツーリズムなどが挙げられる。地域の特性を活かしやすいことから、地域活性化に繋がるものと期待されている。ただし、旅行者のニーズはますます多様化し、よりテーマ性を重視するようになった。地域にとっては、概念的、包括的なツーリズムの打ち出し方では十分な訴求ができない場合もあるため、一層具体化が求められている。

3-2. 着地型観光とテーマ別観光

　旅行・観光市場において、「テーマ性」は重要なキーワードとなっている。観光庁では、国内外の観光客に新たな地域への来訪動機を与え、地方誘客を図ることを目的に、2016（平成28）年度より「テーマ別観光による地方誘客事

図表 8 - 1	テーマ別観光の例
Industrial Study Tourism（産業訪問）	「産業観光」、すなわち歴史的・文化的価値のある産業文化財及び産業製品を観光資源とし、それらを通じてものづくりの心にふれるとともに、人的交流を促進する観光のうち、訪日外国人のビジネス客を対象にしたもの。
ONSEN・ガストロノミーツーリズム	日本の温泉地を拠点にして、「食」「自然」「歴史・文化」等の地域資源をウォーキング等により体感するツーリズムのこと。
郷土食探訪〜フードツーリズム〜	その地域ならではの食・食文化を、その地域で楽しむことを目的としたツーリズムのこと。土地を訪れ、現地の人々と交流し、その土地ならではの食をいただく。
宙ツーリズム	リアルで美しい星空や千載一遇の天文現象だけでなく、オーロラ観賞やご来光、ロケット打ち上げ体験等を楽しむツーリズムのことであり、これらを気軽にかつ快適に観賞できるもの。

出所：観光庁HP（一部抜粋）。

業」に取り組んできた（**図表8-1**）。これは、食、文化財、星空鑑賞等、特定の観光資源を観光に活用している複数地域によるネットワークを対象として、観光客のニーズや満足度を調査するためのアンケートやモニターツアーの実施、調査結果等を踏まえた観光客の受入体制強化や共通マニュアル作成、情報発信の強化、ネットワーク拡大等の取り組みを支援することで、観光資源の磨き上げを行い、地方誘客を図るものである。テーマ別観光の例としては、次のように「Industrial Study Tourism」、「ONSEN・ガストロノミーツーリズム」等がある。

　これにより、従来以上に旅の目的を具体化し、テーマを明確に打ち出そうとする流れが認識できる。また、地域間のネットワーク形成を意図した点も特徴的である。

3-3. 着地型観光の意義・価値と課題

　地域や事業者が着地型観光に取り組む意義は何であろうか。着地型観光は、以下のように多くの効果があり、地域創生にも繋がるものである。

●──（1）魅力ある商品の提供

売れる着地型観光商品は、商品そのものに魅力があり、観光客のニーズに応えるものである。また観光の目的にもなり得る貴重な存在であり、地域の宝となる。その開発を通して、事業者は自らの地域資源を再認識でき、地域内各関係者との連携が深まるなどの効果もある。

●──（2）満足度の向上とリピート化、ファン育成

魅力ある商品の提供により、参加者は高い満足度を感じるとともに、再訪意欲が高まりリピート化にも繋がる。リピート化を通して地域への愛着が強まることで地域のファンづくりにも繋がっていく。

●──（3）地域への誘客

着地型観光商品は地域のこだわりが詰まったテーマ性を有する商品であり、旅の目的となる。都市圏、地方を問わず資源を活かし商品開発を行うことができ、地域への誘客拡大という課題の解決にも繋がる。

●──（4）滞在時間拡大と地域への波及効果

観光客は、訪問先での着地型商品との出会いにより新たな滞在目的が増え、参加により滞在時間も増える。当初は立ち寄る予定がなかったところを訪れることとなったり、日帰り予定のはずが宿泊をすることとなったりと、滞在時間が増え、それに伴い消費の機会も増えるなど波及効果が期待できる。

●──（5）地域のブランディング

着地型観光商品は、イメージ形成に大きな作用をもたらす。観光客はその商品を目当てに訪れるなど、地域の顔になり、地域のブランド化にも繋がる。例えば「星が見える」というだけではブランド化が図りづらいが、星を活用した着地型商品の提供を行うとお客様が増え、結果的に「星」のまちとしてブランド化ができるという効果がある。

着地型観光商品は、このような価値を生み出す効果があり、地域の持続的な発展や地域創生へと繋がるものである。しかしながら課題も抱えている。

地域活性化に繋がると期待される着地型観光は、地域ならではのテーマを打ち出すことができるなど、「着地が主役」という特徴から長所が多い一方で課題も抱えている。特に重要な課題は、安定した収入の確保である。着地型観光商品の提供を行う事業者は、その継続的な取り組みにより、安定して集客を行うとともに収益を確保し続けることが重要である。しかし、「着地」で企画を行うことから、地理的には旅行者と隔たりがあり、商品の存在自体を知らせることが容易ではない。旅行者にその存在を知らせる方策が課題である。また、課題はこれだけではなく、旅行者への周知の前にまず商品力の確認が必要である。なぜならば、プロモーション活動を通して仮にその存在を周知できたとしても、顧客が商品に対して関心がないと参加には至らないためである。旅行者にとって、「必ず参加をしなければならない」という理由をつくる必要がある。

このように着地型観光は、安定した収益の確保のためにも、まずは商品力（その商品に魅力があるか、参加率の向上、満足度の向上）、および認知度の向上（流通ルート）が課題であり、特に前者は真っ先に解決をしておく必要がある。

4. 事例分析

テーマ性が強く、高い商品力を有する着地型観光商品の一例として、「地元の船舶（海運）事業者が軍港をめぐるクルーズ商品」が挙げられる。海上自衛隊や海上保安庁、米海軍などがある港を、ガイドの案内を聞きながら船でめぐる「軍港クルーズ（軍港めぐり）商品」は、テーマ性の強い産業観光として人気がある。軍港ごとに独自に商品化がなされており、景観の希少性の高さもありファンも多く存在している。軍港見学を核に、クルーズを通して地域の歴史にも触れることができ、下船後には海軍カレー等の地元特産品を購入することができるなど、地域特性を生かしアピールを行っている着地型観光の好事例である。リピーターも多く、安定した収益の確保ができている点でも優れている事例である。

軍港クルーズ商品は、「軍港」がテーマの特徴的な商品であるが、地域内に存在する「軍港」という観光資源をうまく活用することができたことが成功要

因の１つであり、地域資源活用の重要性を示している。

　それでは、軍港のような個性をもたない地域では、いかにして着地型観光に取り組むべきであろうか。例えば、外部人材の活用を通して地域では気づかないような資源に着目し商品化する地域もある。Ｉターン者がリーダーシップを発揮するなど、外部人材が地域内の人材をうまく巻き込み商品の開発を進めている。このように、必ずしも個性的な地域資源だけに頼ることなく生み出す工夫、開発のプロセスに特徴をもたせることにより、着地型観光の課題である、商品力の向上等課題の解決に取り組んでいる。

　また、前出の「工場夜景観賞」も非常に人気が高い商品である。比較的ポピュラーなのは、工場夜景を海上から眺めることができる「工場夜景クルーズ」商品であり人気がある。一方で工場夜景商品は定番化により、各地で同種の商品が増加し、徐々に差別化が求められ始めている。そのようななかで、工場夜景の聖地であり、工場夜景サミットにも参加している神奈川県川崎市では、工場夜景をテーマに特殊な客層を誘致するための商品が登場し、注目を集めることとなった。

　大手旅行会社の日本旅行では、2022年５月に「貸切列車で鶴見線全線走破‼夜景ガイド同乗で港湾・工場夜景ご案内‼昭和レトロな国道駅にも下車‼」と題した工場夜景観賞ツアーを催行した。これは、神奈川県の鶴見駅からJR鶴見線の車両（205系３両編成）を貸切運行し、定期列車の本数が少ない支線も含め、鶴見線を全線走破する日帰りツアーである。工場夜景ナビゲーターがツアーに同乗し、港湾・工場夜景ポイントを案内する。さらには昭和レトロな駅（国道駅）でも下車するユニークな内容である。

　このようにセールスポイントが詰め込まれた商品であることから、発売直後にすぐ予約が埋まってしまう人気商品であり、前回は90秒で売り切れとなった。この商品は、工場夜景という地域の産業資源をうまく活用したニューツーリズム商品であり、地域資源の活用、そしてテーマ性がポイントであることを物語っている。加えて、鉄道というテーマを重ね合わせることにより差別化対策も施されている好事例である。

　以上の事例を見ると、安定した収益の確保に向けて、強いテーマ性を打ち出すことにより商品力の保持ができている。したがって、ターゲットから見た魅

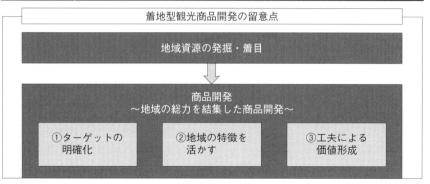

図表 8 - 2 ｜ 着地型観光商品開発の留意点

着地型観光商品開発の留意点

地域資源の発掘・着目

商品開発
〜地域の総力を結集した商品開発〜

①ターゲットの明確化

②地域の特徴を活かす

③工夫による価値形成

出所：砂子（2021）p.155の図表8-7を一部修正して筆者作成。

力が感じられ、リピートしたくなるような満足度の高い商品を生み出している。さらに、このケースでは地域外に存在する旅行会社が外部目線で企画に参加し、プロモーションも行っていることから、認知度の向上も達成することができた。地域内外連携の事例でもある。

5. 課題への対策

　着地型観光商品にとって、収益確保のためには「商品力の向上」が重要な課題である。しかし売れる観光商品は最初からでき上がっているわけではない。顧客に支持される商品となるためには、観光素材の個性の強弱にかかわらず、地域が有する観光素材に対し手を加え商品へと仕上げる必要がある。良い商品を生み出すためには留意点が存在する（図表 8-2）。

5-1. 商品力の源泉「地域資源の発掘、着目」

　着地型観光商品は、完成品の宣伝に主眼を置くことが多く、意外に「資源の選定」は盲点となっていることがあるが、それでは新商品誕生の可能性を閉じ

てしまうこととなる。まずは商品化に結びつきそうな「資源」を集められるだけ集め、可能性を広げることが大切である。

　全国的に人気がある着地型観光商品の例として、ゴンドラ等に乗車し、山頂にて星空を鑑賞する「星空観賞ツアー」を挙げることができるが、これは、観光資源として「星」を活かしたものであることに着目したい。星という資源は、全国どの地域でも利用できる資源であり、すでに各地で星空観賞ツアーを催行するなど、決して珍しい商品ではない。むしろ競合も多く他地域との差別化が難しいが、人気商品として定着している地域も多い。軍港のように希少性の高い観光資源がなくとも商品化ができている事例である。

　観光資源のなかには、地域の人々が見過ごしているもの、気づいていないものもある。「星」は地元ではごく当たり前の資源であるため見逃しやすいが、外部目線を加えると星空の素晴らしさを再認識することができ、星空観賞として活用することができる。まずは我が地域にはどのような資源があり、そのなかで「どの資源に着目をするか」を検討することが重要である。特徴的な山や滝などの自然風景、寺社仏閣等、すでに有名な資源だけを見るのではなく、資源を洗い出し、地域資源として認識し選択をすることが鍵である。

5-2. 地域の総力を結集した商品開発

　全国で提供されている着地型観光商品を分析すると、売れる商品は、地域の総力を結集し生み出されている。

◉──（1）ターゲットの明確化
　売れている商品は、ターゲットが明確である。誰のため、誰に向けた商品であるのかが伝わってくる。ターゲット次第で好む商品がまったく異なるため、作り手は狙うべきターゲット顧客を明確化し商品づくりを行う必要がある。

◉──（2）地域の特徴を活かす
　商品づくりは、行程やスケジュールを具体化するだけの作業ではない。これではストーリー性が薄く、売りも曖昧となるため、まずは自らの地域を深く知

り、掘り下げることが大切である。ここはどんな地域で、売りは何か、地域の特徴を詳しく把握し企画をすると商品に深みが出る。なぜこの地域で体験すべきなのかという観光客の疑問にも答えられ、お客様への説得力が高まる。なお、提供者、提供事業者も地域の特徴の１つであり活かすことができる。

◉──（3）工夫による価値形成

売れる商品は、「資源」から「商品」への変換ができている。つまり、資源をもとに工夫されており、差別化ができている。変換にあたっては、「この商品によりお客様が得る価値は何であるか」といった商品の根幹となる強みや顧客価値を考える。例えば、「地域に触れ知識を得ること」を目的とした商品であれば、ガイドが重要な役割を果たすため、ガイド重視の商品とすることで価値を高めることができる。

このようなプロセスを成立させるためには、顧客ニーズを理解している推進者の存在が欠かせないが、地域内に居ながら顧客ニーズを十分に理解することは容易ではない。このような推進者が必ずしも地域内に存在しているわけではないことから、地域内外連携による推進チームの結成が重要である。

5-3．テーマ別観光に取り組むためのプロセス

観光庁では、テーマ性の高い着地型観光、すなわちテーマ別観光に取り組むための有効なプロセスとして、以下の紹介を行っている。

①観光客のニーズや満足度を調査するためのアンケートやモニターツアー
　・観光客のニーズやターゲット層の把握等の基礎調査や満足度を検証し、地域資源を磨き上げるためのアンケートやモニターツアー
②観光客の受入体制の強化に係る取り組み
　・上記①の調査結果等で得られた知見を構成団体間で共有するマニュアルの作成
　・旅行商品の造成
③上記①の調査結果等を踏まえた情報発信

・共同HP、パンフレット、マップの作成

・各種PR（旅行博等への出展やSNS等を用いた情報発信）

④ネットワーク拡大に向けた取り組み

・同じテーマを観光資源とする団体や地域に関する実態把握のための調査

・シンポジウムやセミナーの開催

以上は、商品開発から情報発信に至るプロセスとしても参考になるが、単独での情報発信に留まらず、ネットワークの拡大に着目をしている点もポイントである。

6. 着地型観光による地域創生に向けて：人的資源、組織化の重要性

6-1. 商品価値形成における人的資源

着地型観光商品の開発・提供にあたっては、人的資源の活用が欠かせない。

地域ならではの魅力に触れ体験を楽しむうえでは、お客様との接点役を務める「ガイド」等案内人の存在、能力も重要となる。人気のガイドが案内する商品は、参加者の満足度も高く、リピート化にも結びつきやすい。案内人の対応次第で参加者が得られる知識や経験にも差が生じることとなり、満足度にも影響する。

一方で、人的資源は、必ずしも自社人材のみで賄う必要はなく、地域内連携により必要な人材を確保する方法も有効である。顧客価値の創造は、必ずしも自社だけで完結をさせる必要なく、むしろ周囲との連携によりさらなる価値を生み出せる場合もある。周囲との連携は、不足する資源の補完になるばかりか、より多くの地域資源を活用することができ、商品に広がりが生まれるとともに地域と触れ合う場面、接点が増え、顧客満足度が高まるという効果もある。

人的資源は、商品の価値を形成するうえで重要なポイントである。

6-2. 地域外企業との連携とメリット：外部目線と域外への告知

　地域事業者が地域外企業と連携し着地型観光に取り組む事例もある。旅行会社の株式会社日本旅行は、地元農家と連携し「NTA（NIPPON TRAVEL AGENCY）ファーム」というりんご収穫体験農園を長野県内で運営している。NTAファームはいわゆる観光農園であるが、ターゲットを「訪日客」に絞り込んでいる点が最大の特徴であり、主にアジア各国からの旅行者に英語のガイド付きでりんごの収穫体験を提供している。りんごの選び方などりんごに関する知識や地域情報等を英語でフレンドリーに案内し訪日客から評価を得ている。信州の特産品といえば「りんご」が有名であるが、りんごの販売だけでは観光客の立ち寄りは難しい。ところが体験型商品を提供することにより観光客が訪れる機会が生まれ交流人口の拡大にも繋がる。誘客促進に長けた旅行会社が体験型観光に携わることで地域外へのアピール機会も増え、観光客の増加が期待できる。これは、地元と旅行会社とがうまく連携を図ったことによる効果である。

　このように、外部企業と連携するといくつかのメリットが生まれる。

　1つ目は、外部目線を加えることでうまく資源活用ができることである。地元事業者としては、「もっと地元産のりんごをアピールしたい」と思う一方で、りんごは、県内ではごく一般的な資源であり他地域との差別化も難しいとも感じていたが、地域外企業の目線を加えることで資源活用に繋がった。

　2つ目は、域外へのアピール力である。観光客を呼ぶためには、ターゲット客に魅力を伝えなければならない。域外へのアピール力を強化するためには地域外企業の力を利用すると効果的である。なお、地域では安定的な集客が欠かせない一方で、訪日客は予期せぬ状況変化により突如減少することもある。訪日客が減少した年には、日本人をターゲットとするなど柔軟な対応が可能な旅行会社との協働は有効な策である。地域外との連携により、発地顧客に対する認知向上がしやすくなり、誘客に結びつきやすくなる。このように、着地は発地とも連携することが非常に重要である。さらに、旅行会社を通した域外、海外への告知・集客は、広くブランディングを図る機会ともなり、農業者として

は自社産品を広く域外へアピールすることができる。

　着地型観光商品は、地域への来訪客の増加だけに留まらず、地域での消費拡大、ファンの創造、ブランド化など地域創生に向けてさまざまな効果が期待できるが、価値ある着地型観光商品を生み出すためには、その開発プロセスのすべてにおいて「人」（キーマン）の存在が重要である。キーマンが不在では責任が不明瞭となり取り組みも曖昧なものとなる。また、キーマンは片手間での取り組みに陥らないよう配慮すべきである。一方、1人に任せてしまっては個人の主観だけに依存することとなってしまう。特定人物のみが推進するような体制では、客観的な視点が欠如し、組織的なマネジメント不足から開発が難しくなるとともに、諸問題への対応が遅れてしまう。

　つまり、着地型観光に取り組むチームづくりが必要である。それぞれの地域特性をもとに適切なチームの結成こそが成功への秘訣となる。地域を良く知る人材、地域の課題を認識している人材が、観光資源への着目、活用、そして商品化、プロモーションに取り組む必要がある。

6-3. 体制構築と着地型観光推進チームの形成に向けて

　着地型観光による地域創生のためには、着地型観光を推進するチームづくりがポイントである。まず「人」、「人的資源」に着目し、誰が着地型観光商品の開発を担うのか、またどのような組織、体制により商品開発を進めるのかについて計画をする。成功する商品は、地域内で着地型商品開発を積極的に推進する「キーマン」、次に地域内で推進役をフォローし不足部分の補完を行う「地域の協力者」、さらに地域外から外部目線で気づきを与え支援する「外部支援者」との連携が重要である。外部支援者は商品形成のための気づきを与えるだけではなく、外部に存在する強みを活かし、販路の開拓にも繋がる可能性がある。地域が誇る商品を生み出すためには、このように地域内外の資源を適切に組み合わせ推進することが望ましい（**図表8-3**）。

　地域内外のメンバーがチームを形成すると、相互に不足する資源や機能を補完し合うことができるとともに、新たな視点やアイデアが集まることから、地域の資源や特徴をフルに活かした商品の創造が可能となり高品質な商品の提供

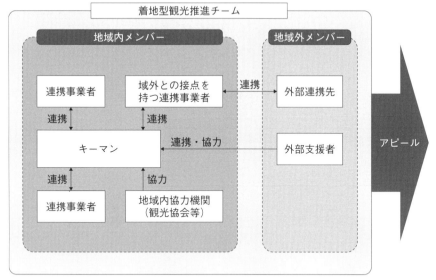

図表8-3　着地型観光推進チームのイメージ

着地型観光推進チーム形成のプロセス

出所：砂子（2021）p.163の図表8-12を一部修正して筆者作成。

にも繋がる。また、域外との接点を持つ連携事業者や観光協会等が協力をすることにより、地域外へのアピール力も一層高まる。

　観光は目的志向へと変化し、より地域との触れあいを重視する傾向が強い。価値ある着地型観光の提供を通した地域創生の実現に向けて、地域内で効果的な推進チームを形成し地域総力で課題解決を進めていくことが望まれる。

第 **9** 章 | # 観光まちづくりにおけるリーダーの役割と地域住民・組織との関わり

大田謙一郎　*Kenichiro OTA*

1. はじめに

　近年、オールドツーリズムから顧客の嗜好と形式の変化を捉えたニューツーリズムへの構造変化に伴い、地域にある団体等が主体となって開発される着地型観光への期待が高まっている。着地型観光のコンテンツづくりに欠かせない要素の1つとして、独自の地域資源の発見とその活用がある。先行研究では、観光を主体とした地域振興を成功に導く要件としていくつか挙げられているなかで、リーダーの重要性が説かれている（長谷 2003）。そのような背景から、リーダーの人材育成に関連した先行研究が数多くなされている（敷田・内山・森重 2009；森重 2011；高橋 2013；床桜 2016）。しかしながら、リーダーの存在だけを高く評価すると、優れたリーダーが現われることを待ち続けるリーダー待望論やリーダーへの過度の依存に対するリスクを指摘している先行研究もある（池内・朽木 2007；金井 2008）。本章の目的は、リーダーシップ研究からリーダーに求められる能力や役割を整理したうえで、いくつかの事例を用いながら、観光まちづくりにおけるリーダーの役割と地域住民・組織との関わりを示した理論モデルを提示することである。

2. なぜ、リーダーが必要なのか

2-1. 観光行動の変化

　観光まちづくりにおいて、リーダーの重要性やリーダー人材育成が何故叫ばれるようになったのか。尾家（2010）は、①消費者の旅行に対する目的が「場所」から「活動内容」へと変化、②個人や家族旅行の増加、③IT社会の進展、④所得の停滞、によって、観光の高度化・多様化・個性化が一層進展したことで、テーマ性・体験・交流などの要素を重視するニューツーリズムを消費者は求めるようになったことが指摘されている。また、平（2012）も、①リゾートブームの経験等をもった成熟した観光ニーズの保有者が多数いること、②地域経済の停滞感のなかで、地方で地域資源の観光課を通して人的・経済的交流を行う機運が高まっていること、③IT関連技術の急速な進歩により、一地方の事業者・住民等と全国の潜在的旅行者との間で双方向の直接情報発信が、即時かつ安価にできるようになったこと、を挙げている。そのことによって、一部の地域では到着地（目的地）側で事業者・住民等が自ら体験・交流・学習等の個のニーズに対応した旅行商品をプロデュースするような動きが顕著になっており、地元の事業者・住民・地域の行政・NPO・官民共同出資の第三セクターなどが担い手となる現地集合・現地解散を前提とした地域発の手づくり観光サービスの存在が高まっていることが示唆されている。

2-2. 地域アイデンティティ

　地域アイデンティティとは何か。木下・ビンダー（2011）によれば、アイデンティティとは個のアイデンティティと集団的アイデンティティに分かれ、前者は哲学による個の性質の同一性や主体性を意味し、後者は心理学や社会学における集団的アイデンティティ、帰属意識、ローカル・アイデンティティを意味する。地域アイデンティティとは、ここでいう集団的アイデンティティとし

ての「地域らしさ」を指す。そして、その地域アイデンティティの構成要素は、物質的要素、人間の活動、意味、の3つの要素として捉え、社会的関係のなかで構造化されると指摘した。若林（2014）は、地域ブランドアイデンティティを「地域に対してブランド策定者が創造したいと思う連想のユニークな集合であり、人々の活動や物語化によるコミュニケーションによって、地域に対する意味世界を解釈・意味づけ・再構築していくもの」と定義した。木下・ビンダーと同様に、若林もプレイスアイデンティティの要素として、人の活動（属性・価値観・経験の質）、資産要素（自然・歴史・景観・文化）、主観的意味づけ、の3つの要素を指摘している。

2-3. リーダーの重要性とその問題点

　先行研究において、観光まちづくりにおけるリーダーの重要性を説いている研究が多く示唆されている。西村（2009）は、観光まちづくりを推進する自治体の共通点の1つとして、リーダーたるべき人材の存在を指摘している。山田（2009）は、観光まちづくりには必ず周りの人を引っ張っていくリーダーが必要であることを述べている。社団法人日本観光振興協会（2012）が2011年に地域の観光組織を調査対象とした調査では、観光まちづくりにおいて必要とされる人材を尋ねたところ、都道府県観光協会等の43組織中84％が観光地全体の経営・リーダーと回答し、市町村観光協会の111組織中70％が同様の回答をした。堀野（2016）は、観光まちづくりにはビジョンが必要であり、リーダーがそれを示し続けることができることや観光関連組織や外部との仲介役としてリーダーがその役割として果たすことが述べられている。山口（2008）は、リーダーによる地域資源の発見と活用事例として、山形県尾花沢市の銀山温泉と北海道ニセコ町の2つの事例を挙げており、銀山温泉の事例では旅館「藤屋」十四代女将の藤ジニー、ニセコ町の事例ではロス・フィンドレーという人物が率先して地域資源を活用したまちづくりの事例が示唆されている。韓（2016）も、大分県湯布院町のまちづくりには、中谷健太郎のリーダーとしての役割が欠かせないことが示されている。前述したように、観光まちづくりを推進するうえで、リーダーの存在を求めるケースが多く、またリーダー主導による地域資源

の発見や活用事例がいくつも示されている。

　以上より、近年の観光は、多様化・個性化が進展する中で、テーマ性・体験・交流などの要素がヨリ重視されるようになり、地元の事業者・住民・地域の行政・NPOなどが担い手となる現地集合・現地解散を前提とした地域発の手づくり観光サービスの存在が高まっている。そのような地域発の着地型観光が求められるなかで、リーダー主導による地域資源の発見や活用事例がいくつも示されている。地域らしさを示す地域アイデンティティの構築には、地域における自然・歴史・景観・文化に対する地域住民の働きかけによって意味づけが行われることが求められる。リーダーは地域に存在する顕在的・潜在的な地域資源に対してさまざまな働きかけを行い、その地域資源に意味づけを行うなかで、その地域ならではの地域発の観光サービスが創造された事例が確認されている。また、数多くの自治体では、周りの人を引っ張っていくリーダーを求める多くの意見が確認された。このように、観光まちづくりを行うなかで、リーダーの重要性を説く先行研究・事例が多く確認されているのが実情である。

　しかしながら西村（2009）は、リーダーの重要性を説く一方で、リーダーの存在だけを高く評価すると、優れたリーダーが現われることを待ち続けるリーダー待望論やリーダーへの過度の依存に対するリスクも同時に指摘している。

3. リーダーの役割と地域住民・組織との関わり

3-1. リーダーの役割

　観光まちづくりにおけるリーダーは、どのような役割を果たすのか。まちづくりにおけるリーダーシップについて、捧（2010）は、①リーダーシップ、②協力体制づくり、③プレゼンテーション、④コミュニケーション、⑤リスクマネジメント、⑥コンプライアンス、⑦観光地づくり戦略、⑧マーケティング、⑨ブランド戦略、⑩観光政策、の10の知識・技能を挙げている。真田（2011）によれば、外部組織との関わりが不可欠であることから、サーバントな姿勢が

必要であることを指摘したうえで、そのサーバント・リーダーシップの行動様式として、①概念化、②先見力、③傾聴、④共感、⑤癒し、⑥気づき、⑦納得、⑧幹事役、⑨人々の成長への関与、⑩コミュニティづくり、の10の役割を挙げている。床桜（2016）は、①ミッション・ビジョンの明確化、②戦略・戦術の策定、③フォロワーの気持ちを束ねる能力、④フォロワーの力を引き出す能力の4つを指摘した。井出（2019）は、リーダーの発達プロセスという観点から分析を進めた結果、成熟したリーダーの役割として、①分析・プランニングスキル、②ファシリテーションスキル、の2つの能力を挙げている。

　他方、捧（2011）は、観光による地域振興を図る場合、色々な立場の人が色々な狙いをもって参加する組織が形成され、さまざまな機能・役割が発生することが指摘されている。捧は観光地づくりの推進主体における機能・役割について、①牽引役、②企画・立案役、③実行役、④応援役、⑤チェック役、の5つがあり、リーダー1人が5つの役割のほとんど担う場合もあるが、観光地域づくりは少数の人数だけで進めることが困難であることから、リーダーを支持し、一緒に事業を推進する協力者が必要であることを示唆した。田蔵（2020）は、リーダーに求められる資質として、①牽引役、②企画・立案役、③ファシリテーター力、④実行力、⑤熱意・情熱、の5つを挙げているが、企画力などの専門的スキルは外注可能だが、軸となるファシリテーター力や実行力は外注することができないことを指摘した。

　いずれの研究者も、①マーケティングやブランディングなどの戦略・戦術の策定能力、②コミュニケーションや共感、幹事役などの組織を束ねるファシリテーション能力、の2つを挙げている。また、多くの研究者が、③ミッション・ビジョンの概念化を指摘していることから、観光まちづくりにおけるリーダーは、上記の3つのスキルが求められていることが分かる。一方で、リーダー1人がすべての役割を担う訳ではなく、リーダーを補佐するフォロワーがリーダーの役割を一部代行するケースもあることが指摘されている。

3-2. リーダーと地域住民との関わり

　リーダーは地域住民とどのように関わるのか。まず前提として、地域住民全

員がその地域での観光業や観光客に対してポジティブな態度をもっている訳ではない。いくつかの研究では、地域住民がおかれている状況や環境によって観光地に対する態度に温度差があることが示されている。Ap（1992）によれば、地域住民がその地域の観光地化に対する態度の程度は、社会的交換理論を用いながら、観光地化によって発生する利益とその知覚コストとの差額によって決まると述べており、彼らが知覚コストよりも利益が上回っていると感じた場合は、当該地域の観光地化に対する態度が肯定的となり、その逆の場合は否定的な態度となることが指摘された。Lankford and Howard（1994）は、Apが指摘した個人の経済的な側面だけでなく、社会的側面や環境的側面といった要素を含めて考察すべきと主張した。環境的側面には、自然環境の保全／破壊という要素だけでなく、騒音問題・ゴミを含む景観問題・交通渋滞等の生活環境の問題も含んでいる。地域住民が経済的な便益を享受していたとしても、いわゆるオーバーツーリズムと呼ばれる、観光客の著しい増加に伴う地域住民の生活や自然環境、景観等に対して受忍限度を超える負の影響を受けていた場合、地域住民は総合的に知覚コストが上回ることで観光地化に対する態度が否定的になることがあり得る。また、丸山（2020）は、観光地としての成熟ステージによってもその態度が異なることが指摘されている。比較的新しい観光地ほど、地元の観光地化への住民の態度は前向きであり、観光地がある程度成熟してくると、観光地化による住民生活への悪影響が目立ち、結果的に反転に転じる可能性があると示唆した。

　さらに、上田・郡山（2016）は、硬直化した地域社会においては、よそ者、Uターン・Iターン経験者のような、地域とのしがらみのない立場から問題解決の提案ができる外部支援が必要であることを指摘する。Uターンとは一度地元から都会に出た住民が再び地元に定住する場合を指し、Iターンとはもともと地元でない人が移住する場合を指す。しかしながら、よそ者、Uターン・Iターン経験者が地域づくりに参画することで地域づくりが成功するとは必ずしも意味しないことも同時に示唆されている。敷田（2009）も、よそ者、Uターン・Iターン経験者を活用した地域づくりの成功事例が多数報告されていることを認めつつも、単によそ者を取り入れれば地域に利益をもたらすという訳ではないことを指摘している。むしろ、敷田は「地域内よそ者」の重要性につい

て説明している。地域内よそ者とは、地域に居ながら外部者の視点をもてる人のことであり、例えば、地域を一旦出ることで外部者の視点をもった住民や、地域内に住みながら外部者との接触で異質な第三者視点をもつに至った住民のことを指す。敷田によれば、よそ者の欠点として、①よそ者が自らリスクを負うことが少なく、地域に多大な損失や負担を負ったとしても、よそ者は有限責任しか負わないこと、②一般的に、よそ者は第三者的なアドバイスに陥りがちであり、そのアドバイスが地域の実情を認識した適切なアドバイスかどうか保障できないこと、③専門家としてよそ者が招聘される場合、地域側がその助言に盲目的に追従しやすい、ことが言及されているが、地域内よそ者の場合、自身の故郷を盛り上げるために積極的に地域づくりに参加したり、地域の実情に合った適切なアドバイスしたりするため、地域づくりには地域内よそ者の人材が欠かせないと指摘している。

3-3. リーダーと地域組織との関わり

　リーダーは地域づくりを行うにあたり、地域住民との関わりのみならず、複数の組織との関わりが欠かせない。矢吹（2010）は、地域経営や自治体経営を想定した場合、地域づくりのような公益性に対する視座が異なる多数の主体が入り混じる多様な地域経営においては、垂直的かつ中央集権的な「固い管理」は一層困難であり、水平的なネットワークによる「やわらかい管理」が求められ、関連組織をネットワーク化するネットワーカーの存在（究極のネットワーカーと称している）が不可欠であることを示唆している。そこでは、究極のネットワーカーの事例として、商業者（商店街）と非商業者（郵便局）の各一例ずつ概観した結果、①人的ネットワークを基盤に、組織ネットワークが形成されていること、②組織間の連携が確認できたこと、③いずれも自治体が地域づくりの構成員として参加していること、の3点の共通点が確認された。しかしながら、両者ともネットワーカーとしての限界があるものの、地域経営の責任の所在は消去法で自治体以外に求めることが困難であると指摘した。
　矢吹の研究では、究極のネットワーカーとして、非営利組織や自治体の有用性を指摘しつつも、それらにおける限界も指摘されている。しかしながら、

2015年以降、DMOによる観光地域づくり体制が実施されている。本章では矢吹の議論を参考にしながら、DMOが果たす観光地域づくりの考察を行いたい。まずDMOとは、観光地域づくり法人（Destination Management/Marketing Organization：DMO）の略称のことであり、観光産業の強化の一環として2015年に観光庁よりDMO候補法人制度が新設され、地域の多様なステークホルダーを巻き込みつつ、科学的アプローチを取り入れた観光地域づくりを行う舵取り役が期待されている。また国の制度であるため、観光庁への登録が求められ、いくつかの登録要件が求められる。独り立ちを前提として原則5年で交付金が終了する。DMOには、活動区域に応じて、広域連携DMO、地域連携DMO、地域DMOがある（観光庁 2021）。

　塩見（2021）によれば、DMOの法人格には、社団（公益・一般）、財団（公益・一般）、特定非営利活動、株式会社、協同組合など、多様な法人格が存在するが、非営利団体と位置づけられる法人が全体の87％を占めており、そのなかでも一般社団法人の法人格で運営するDMO（全体の64％）が多い。また地域連携DMOのほとんどが県単位の観光協会の鞍替え組となっている。法人格によっては、事業や意思決定プロセスに制限がかかる場合があることから、前身組織の成り立ちを継承するのではなく、地域環境に応じた適切な法人格を選択するべきであると指摘した。他方、営利団体である株式会社型DMOは、全体の12％で、少数派であるものの、一般社団法人に次ぐ割合を占める。中野（2020）によれば、DMOにおける一般社団法人のメリットとして、①同業者全体のメリットなる事業の推進を掲げることによって、行政等の支援を受けやすいこと、②非営利法人であっても収益事業の実施も可能であり、柔軟な組織設計ができること、③設立・運営の事務が簡便で、労力・費用が比較的かからないこと、がある。逆にそのデメリットは、①選択・集中した施策よりも網羅的・広範な施策になる傾向にあること、②多数・多様な会員間の調整が必要であり、状況の変化に応じたスピーディーな経営判断がしづらいこと、③行政等の支援への依存度が高くなると、単年度主義的な事業運営にならざるを得ないこと、がある。他方、株式会社型DMOのメリットとして、①事業運営をプロの経営者に委ねることができることから、収益事業を担うには最適な法人格とであること、②選択・集中・スピーディーな経営判断が可能であること、③出

資という形での資金調達が可能であること、がある。逆にそのデメリットとして、①収益事業であるからには相応のリスクが伴うこと、②事業存続には経営手腕が求められること、③実現性の高い事業計画でなければ出資を募ることが難しいこと、がある。いずれのDMOも一長一短ではあり、どちらが優れているとは言い難いが、地域内で稼ぐ力を生み出す株式会社型DMOが近年脚光を浴びつつある。また、近年では、阿寒アドベンチャーツーリズム株式会社とNPO法人あかん観光協会まちづくり推進機構や株式会社くまもとDMCと阿蘇地域振興デザインセンターとの関係のように、1つのエリアに対して、2つのまちづくり組織が関与し、かつ、それぞれの組織が役割分担する形式が登場しつつある。このように1つの地域に複数のまちづくり推進組織が活動し、それぞれが特徴を発揮しながら、地域の活性化に向けた取り組みが行われている。

　また、地域組織との関わりはそれだけではない。ここでは特に観光産業との関わりについて説明したい。堀野（2016）によれば、観光産業サイドは、観光まちづくりの進展とともに、着地型観光が無視できない領域となり、地域社会との連携を前提として活動する観光産業が増えている事を指摘している。例えば、H.I.S.では、旅先での人との触れあい学習など、「着地型観光」の開発を進め、H.I.S.がもつ情報力や企画力を発揮して、魅力的な旅を提案すると位置づけている。また、JTBでは、観光まちづくりをトータルサポートするための地域交流プロジェクトを推進している。JTBがもつ誘客のために培ったノウハウやグループ内のリソース等を活用し、地域それぞれの現状や課題に合った解決を行うと明言している。また、大塚（2018）によれば、流山市では、同市の観光資源を活かしたツーリズムを企画する際に、交通網の脆弱性を補うために、私鉄道とJRとの戦略的提携を組むことで、魅力的な着地型観光ツーリズムを提案していることが指摘された。

　以上のように、リーダーはどのような組織形態での観光まちづくりを推進するのか、そして地域組織とどのように関わるのかについて確認した。先行研究において、さまざまな組織がまちづくりを行ってきたが、いずれの組織も限界や問題を抱えていることが明らかとなった。そうした中、近年、DMOに観光地域づくりを行う舵取り役が期待されつつあることが示唆されている。また、地域づくりのような公益性に対する視座が異なる多数の主体が入り混じる多様

な地域経営においては、水平的なネットワークによる「やわらかい管理」が求められる。さらに、一部の交通業界は、自身が経営資源やノウハウを活用して、地域社会との連携しながら、魅力的な着地型観光を開発していることが明示された。

3-4. 先行事例から見るリーダーの役割と地域組織との関係

　ここでは、山形県の尾花沢市（湯のまちづくり委員会）、オンパク事業を導入した4つの地域（2つのNPO、地域おこし会社、行政）、埼玉県秩父市（地域連携DMO）からリーダーの役割と地域組織との関係について考察したい。

　まず山口（2008）は、観光振興を成功に導く最も重要な要件として、リーダーの存在を挙げており、そのリーダーの事例として山形県銀山温泉の旅館「藤屋」の若女将である藤ジニーの考察を行った。藤は銀山温泉に対する誇りや情熱をもち、銀山温泉にある大正・昭和初期に建てられた風情ある木造旅館の街並みこそが地域アイデンティティであるということを理解し、地域資源および宿泊業で学んだホスピタリティを活かしたまちづくりを推進した第一人者である。まず街並みに関して、藤が経営する「藤屋」の旅館を改修工事する際、街並景観保全を目的に、外観の改装は敢えて行わなかった。また、景観を重視するために、看板やのぼりを立てないようにしている。また自身が経営する旅館だけでなく、温泉街全体の改革にも取り組んだ。以前は、湯煙や温泉の薫りがなく、散策路が狭く、放置車両も目立っていた。そこで、藤は自身で「湯のまちづくり委員会」を発足した。「大正ロマン漂う木造旅館が連なる温泉街・おもてなしの心で魅力的な温泉まち」というビジョンを掲げて、自治体や地域組織・地域住民に理解と協力を働きかけた。また自身が参加する女将会や温泉組合におもてなしやホスピタリティに関する研修会を実施したり、月2回のゴミ収集活動を行ったりした。そのような活動が功を奏して、徐々に関係各所にビジョンが浸透し、最終的には景観条例をつくるに至り、車両の乗り入れを制限することになった。また、下水道整備・給油管・電柱地中化・共同浴場・足湯・ベンチや腰掛けの設置といったインフラ整備に至った。インフラというハード面とホスピタリティのソフト面の両立により観光客にアピールした。施

行後の2001年には年間32万人の観光客数となり、施行前に比べると約２倍の観光客の増加となった。

次に井出（2019）は、まず別府ハットウ・オンパクの代表理事であるA氏と理事であるB氏、さらにオンパクに携わった各地域におけるリーダーの事例として、H氏、I氏、J氏、K氏の計６名にインタビューを実施し、ライフストーリー研究の視点からリーダーの発達プロセスについて研究を行った。オンパクとは、別府八湯温泉泊覧会の略称であり、地域の魅力の発掘、地域人材の育成、地域資源を活かした観光サービスの創出などを目的とした地域活性化の活動のことを指す（野上 2000）。井出は、６名のライフストーリー研究からリーダーの発達影響要因として、①積極的に学ぶ姿勢、②収益意識、③地域への想い、④ショック、⑤地域外経験、⑥他の人との繋がり、⑦分析・プランニングスキル、⑧ファシリテーションスキル、８つの要素を取り上げた。そのうち、①〜⑥は、リーダーの発達を促す促進要因であるとして、リーダーの役割ではない。井出は、⑦分析・プランニングスキル、⑧ファシリテーションスキル、の２つをリーダーシップスキルとしてモデル化し、検証を行っている。

図表 9-1 は、オンパクリーダーであるH〜K氏のストーリーラインを抜粋したものである。２つのリーダーシップスキルのうち、ファシリテーションスキルについては、H〜K氏すべてに当てはまる。ビジョンを示す役割やマーケティング・スキルについては、H氏、J氏の記述に見られた。また、H氏、I氏、K氏の場合、オンパクを共に進めるパートナーの存在が伺える。リーダーとして、ファシリテーションスキルやビジョンを示す役割を発揮するなか、その他の役割に関しては、リーダー以外が実施していたことが推察できる。さらに、**図表 9-1** に記述がないが、K氏はオンパクのリーダーとして携わったのは計４年間であり、その後はオブザーバーの立場として、陰から応援する形となっている。その理由として、当初は観光振興局に勤めていたが、部署異動に伴い、本業とオンパク業務とのギャップを感じてきたことが大きいとの指摘がある。部署異動の可能性がある行政職員個人が継続してまちづくり活動を続けていくことの難しさが示唆されている。

さらに大野（2022）は、DMOが多様なステークホルダーとどのようなスタンスで関わろうとしているのかを明らかにするために、DMOのキーパーソン

H氏 （D地域） 30代 NPO代表	（前略）H氏はこのプロセスの中で、どのようにして活動をリードしたのか？ H氏、ビジョンを共有でき、何かに取り組みたいと強く考えている相手と一緒に取り組むことを行った。取り組む気がない人を巻き込む必要がある場合は、企画やその成果などの形を見せて後から納得頂くという方法を取った。すなわち、皆の合意があったから取り組むではなく、取り組む気のある人と組んで前に進んでいくということを行った。そうしなければ、まちは変わらないまま自分たちが疲弊していってしまう、とH氏は考えたのである。一方で、ビジネスコンサルティング会社での経験やオンパクにおけるワークショップ実施において**ファシリテーションスキル**を発揮した。H氏はこのスキルを、**トレーニングを受けたり、実際のワークショップ実施経験を通して身につけた**。また、H氏が活動をリードする上で、本質をつかんでそれを形にするスキルは重要な役割を果たした。例えば、地域情報ポータルサイトを通してDのことを広く・深く知り（本質をつかみ）、知ったことを活用して農業体験活動やオンパクという形にした。オンパクの次のステップを検討する際にも、まちづくりの取り組みをビジネスとして成り立たせないとまちづくりが続かないという本質をつかみ、カフェやゲストハウス開業という形にした。このスキルについてH氏本人は、**物理学を学んでいたこととビジネスコンサルタント**をしていたことが要因かもしれないと述べている。
I氏 （E地域） 会社社長	（前略）I氏は観光まちづくりプロセスの中で、どのようにして活動をリードしたのか？ I氏はオンパクパートナーなどの住民が他者と話す場を用意し、彼らが他者と話すことで自分の考えを認識する機会を作った。そして次のステップとして、オンパクのような緩めのチャレンジができる場を用意し、徐々にステップアップしていく仕組みを作った。I氏がこのような仕掛け方を行ったのは、「何人がまちのために立ち上がったか」を取り組みの大事な成果として捉えているためと考えられる。そのため、**住民が取り組もうとしていることを引き出すコーディネーションに力をかけた**のである。
J氏 （F地域） NPO理事長	（前略）この観光まちづくりプロセスの中でJ氏はどのようにして活動をリードしたのか？ J氏は観光まちづくりをリードする際、**プロデューサーとファシリテーター**という2つの役割を使い分けた。地域のプレイヤーを事業実施に向けて発掘・支援する場合は、**プロデューサーとしてビジョンの説明や提案、成果の提示を行った**。一方で、世代がさまざまな場においては、世代間で考えの衝突が起きることもありうる。そういった場面では状況に合わせてしたたかに**相互理解を促し、さまざまな世代の価値観を受け入れながらアウトプットを打ち出していくコーディネーションを行った**。すなわち、ファシリテーターとして地域の力を引き出す形で観光まちづくりを推進した。J氏はこのスキルをどのようにして身につけたのか？ J氏は地域内の力関係が複雑なFの性質を踏まえ、みんなで成功体験を積み上げながら、相互理解・連携を深め、まちの価値を上げていく手法が良いと考えた。そして、**ワークショップなどの場づくりの手法を学び、実際に場づくり経験を積むことによってファシリテーションスキル**を磨いた。
K氏 （G地域） 行政係長	（前略）この観光まちづくプロセスの中で、K氏はどのようにして活動をリードしたのか？ K氏は、オンパクをともに行うパートナーやスタッフとして住民を巻き込むため、活動地域の飲み会やイベントなど**人が集まる場所に出かけて人脈を作っていった**。その場所での出会いに限らず、そこで出会った人から別の人を紹介してもらうことを通して、ネットワークが拡大していった。また、最終的に8市町村が参画したオンパクは、**各市町村の考えの調整に困難**をきたした。K氏はこの困難打破のために、オンパクの取り組みに関する**具体的な話を理屈で説明し、説得**を試みた。理屈で説得できない場合は、住民がすでに参画しているという既成事実を説得材料にした。

出所：井出拓郎（2019）「観光まちづくりにおけるリーダーの発達とその影響要因に関する研究」『法政大学博士論文』甲第468号、表5.3（124頁）、表5.5（132頁）、表5.6（135頁）、表5.7（139頁）の記述を抜粋したうえで、筆者作成。

発言内容
町単位だとできないけれども、連携するとできるという事業があるわけです。例えば、民泊などもそうで、長瀞でラフティングできるのですけれども、泊まる所は、小さな町だけでは大きな学校は受けられませんねと、それは連携する価値はありますよねという言い方をして、それでやっていくわけですね（2018年3月29日インタビュー）。
DMOと事業者さんは、私はフラットな関係だと思っています。1業者であって、みんなつながっていて、向こうもうちと組めばいいことができると思うと言ってくるし（2018年6月15日インタビュー）。
投資が結構大事だと思って。どのようにしたら住民がいいと思えるかが結構重要で。一つ一つやっていって、だから、農家さんに行ったり、民泊で住民に行ったり、観光業さんが「一回やりましょう」などと言ってみたり、いろいろなことをやっているのです（2018年6月15日インタビュー）。
地域コンサル的なことがDMOだと思っている人が結構いる。マネジメントして、マーケティングして、皆さんに号令をかけたがるのですけれども、それを私は無理だと言っているのです。合意形成するためには、拾ってきましょうと。皆さんがやらないことをやって、トレースをしながらやって、そして、「やっぱりあの団体は必要だよね」と言われたところから。手間はかかる。汗をかきましょうよという言い方をしているのですね（2018年3月29日インタビュー）。
立場的にもそうではないですか。行政が頭から押し付けるようだと、皆、ハレーションを起こすので、どちらかというと、みんなの意見を吸い上げてやっていきますよという方が、何か、皆さんの行政で調整を取りやすい（2018年6月15日インタビュー）。
要は、右向け右と、右に向けないと思うのです。絶対に地域は。要するに、先頭に立って、「こっちだ」と引っ張っていくわけではなくて、一番後ろに立って「頼むから右に曲がってね」とやっているだけなのです。「もうちょっと右に曲がって」とやっているだけなのですね（2018年3月29日インタビュー）。

出所：大野富彦（2022）「地域連携DMOの活動展開プロセス：DMOとステークホルダーの関係から考察」『観光マネジメント・レビュー』第2号、52頁（図表3）秩父の活動のスタンスを引用。

にインタビュー調査を実施した。大野はDMOの3団体に調査を実施したが、ここで秩父地域おもてなし観光公社の事例を確認したい。

　図表9-2の記述にあるとおり、地域にある観光業者と提携し、常に調整役として役割を発揮していることが伺える。また、サーバントな姿勢でステークホルダーと関わり合い、「やわらかい管理」によって運営していることが示されている。また各ステークホルダーの役割として、観光協会は旅行商品造成、情報発信、イベント開催、商工会や農業団体は郷土食・特産品の提供とPR、交通事業者は交通チケット販売、観光列車、誘客を実施している。他のDMOの

事例もファシリテーションスキルを発揮していることが伺える。また会社経営の経験があるリーダーはマーケティング・スキルを発揮していることが示されている。

　以上より、DMOは観光地域づくりを行う舵取り役が期待されているが、事例研究においてもその役割を発揮していることが伺えた。また、行政や地域の観光業との「やわらかい管理」のもとで、上手く運営できていることが確認された。

　前述した一連の活動内容や論点などをまとめた一覧表が下記の**図表 9-3**である。優れたリーダーは、尾花沢市の藤ジニーの事例のように、すべての役割を1人で発揮する場合もある。しかしながら、すべてのリーダーが1人何役もこなすわけではない。特に井出（2019）が示したオンパク事業における4地域の各リーダーの事例のうち、2人のリーダーは組織内外の調整役・仲介役を担うファシリテーター役のみ発揮するケースも見受けられた。あくまで地域活性化や地域貢献に意欲の高い住民や観光関連業者を巻き込み、彼らが活躍しやすい環境をいかに形成するのか、地場の行政や観光産業との意見交換を交わしながら、協力体制をいかに築くことができるか、というサーバントな姿勢あるいはフラットな立ち位置から調整役・仲介役に徹するケースが確認され、ファシリテーション力以外の役割が必ずしも必須である訳ではないことが示された。

　ただし、地域資源を活かしながら、地域内外に地域をアピールするためには、地域らしさである地域アイデンティティの策定が求められ、そこには戦略や戦術あるいはビジョンが必要となる。また、観光まちづくりを推進する組織を存続させていくためには、ある程度の資金調達可能な仕組みや収益を得るための事業化なども必要となるだろう。そうした意味でも、当初は国からの支援を受けながら、最終的に補助金に頼らずに、地域内で経済を回す、あるいは自走することを目標としたDMOに対する期待は大きい。大野（2022）が取り上げた地域連携DMOであり、一般社団法人秩父地域おもてなし観光公社の事務局長の井上正幸の取り組みにおいて、当初は各自治体・業者ごとに観光の具体的な内容・受け取り方、期待する施策が異なり、足並みが揃わなかった。それを解消するために、井上はインバウンドに関わる者が一同に集まり、自由に討論し、事業を決定してくコア会議という場を設けた。コア会議では公社はあくまで裏

地域名	リーダー名（所属組織）	まちづくり推進組織名（組織形態）	リーダーの役割	活動内容	課題	導かれる論点
尾花沢市	藤ジニー氏（旅館「藤屋」）	湯のまちづくり委員会（住民有志の観光まちづくり推進組織）	①ビジョンの明確化、②ファシリテーション力、③マーケティング力	①ビジョンの共有、②自治体への働きかけ（景観保全条、インフラ、修繕補助金制度）、②観光産業への働きかけ（景観保全活動参加、ホスピタリティ向上）、③観光客の増加	必ずしも、すべての地域において自然発生的に優れたリーダーが存在する訳ではない。	・自然発生的なリーダーの台頭に頼らない、まちづくりの制度化・仕組化が必要。⇒DMOに期待。
D地域	H氏（まちづくりNPO法人）	非公表（まちづくりNPO法人）	①ビジョンの明確化、②ファシリテーション力、③マーケティング力	オンパクを通じて、①協力者へオンパク事業のガイドブックの提供、②若手有志と勉強会の開催、②観光産業・住民への意識改革、③農業体験・カフェ・ゲストハウス事業の開業	ここでの①ビジョンの明確化は、当該地域の地域ブランディングや地域アイデンティティの明確化ではない。	・リーダーは必ずしもすべての役割を担っているわけではない。・全ての事例において、リーダーは②ファシリテーション力を発揮している。・オンパク事業は、地域資源の再発見プログラムとして優れているが、事業化や事業としての継続性／収益性が課題。その際、マーケティング力をどのように補うのか。⇒①最初から収益化を前提としたDMOを目指す、②マーケティング・スキルの高い人材を組織内に加える、③交通業界を含む観光産業との戦略的提携を組む、などの対応に期待。
E地域	I氏（まちづくり会社）	非公表（まちづくり会社）	②ファシリテーション力	オンパクを通じて、②地域活動を担う人材交流及び育成	②ファシリテーション力しか発揮しておらず、他の①ビジョンの明確化、や③マーケティング力に関する具体的な記述がない。	
F地域	J氏（まちづくりNPO法人）	非公表（まちづくりNPO法人）	①ビジョンの明確化、②ファシリテーション力、③マーケティング力	②温泉旅館組合と協働して、オンパクの委託事業を受託。オンパクを通じて、①オンパク事業のビジョン共有、②観光産業と協働して100の体験プログラムを創生・運営、③得たノウハウを他の地域移転事業化	ここでの①ビジョンの明確化は、当該地域の地域ブランディングや地域アイデンティティの明確化ではない。	
G地域	K氏（G町役場観光振興局）	非公表（G地域を含む6市町村合同組織）	②ファシリテーション力	オンパクを通じて、②オンパク事業の参画要請、②オブザーバーとして影から支援	②ファシリテーション力しか発揮しておらず、他の①ビジョンの明確化、や③マーケティング力に関する具体的な記述がない。	
秩父市	井上正幸氏（一般社団法人「秩父地域おもてなし観光局」）	一般社団法人秩父地域おもてなし観光局（地域連携DMO）	①ビジョンの明確化、②ファシリテーション力、③マーケティング力	SNSの情報発信、着地型観光商品の造成・販売、民間企業との交流会開設、広域レンタサイクルの運営など	「ちかいなか秩父、日本らしい自然、伝統文化が残る田舎」というビジョンを基に、地域住民や観光関連業者の意見を上手く取り入れながら、地域ならではの着地型観光の造成・運営を実施した。	・自然発生的なリーダーの台頭に頼らない、自走するまちづくりの制度化・仕組化としてDMOに期待。⇒今後は組織内・地域内におけるリーダーの役割がDMOのタイプによって違いがあるのかを検証したい。

出所：山口（2008）、井出（2019）および大野（2022）で扱われている事例をもとに筆者作成。

方に徹し、民間業者間でアイディアを競わせて、会議で決定された事業は行政を説得して必ず予算化したことで、参加者を本気にさせるとともに信頼を得た。例えば、西武鉄道系旅行会社が着地型商品を提案した際は、公社がインバウンドの受け入れ体制づくりを構築し、プロモーション・集客は西武鉄道系旅行会社が行うなどの役割分担を行った。そのように地域で活躍する業者や自治体を巻き込みながら、組織間の仲介役・調整役に徹しながら、観光まちづくり推進を図っている。またDMOの組織が存続するために、自主財源確保のために、農泊の手数料、レンタサイクルの売上、特産品の販売促進事業などを行っている（日本政府観光局 2022）。

　改めて、**図表 9-3** から観光まちづくりにおけるリーダーの役割をまとめたい。**図表 9-3** では、先行事例から確認されたとおり、リーダーの役割として、①ミッション・ビジョンの概念化や明確化、②参加メンバーの発言や能力を引き出し、議論を収束させ合意形成をサポートする、サーバントな姿勢によるファシリテーションの役割、③経営ノウハウを活かしたマーケティング・スキルを発揮する役割、の3つがある。特に、②ファシリテーションの役割は、すべての事例研究のなかでリーダーの中心的な役割として確認することができた。地域アイデンティティを検討する際に、リーダーが考案した戦略・戦術を共有化するというケースよりも、メンバーと共に議論し合ったり、研修会などを設けてブラッシュアップしたり、実際に活動していくなかで地域らしさを創り上げているケースもいくつか見られた。そのように、ファシリテーション以外の役割は、必ずしもリーダーが発揮しなければならない役割ではなく、組織内外で補完することも可能であることが示された。しかしながら、組織の存続や自走するまちづくりを想定する場合、まちづくり推進組織が3つすべての役割を果たすことが理想的であり、DMOに対する期待は大きいと言えよう。

4. おわりに

　本章の目的は、リーダーシップ研究からリーダーに求められる能力や役割を整理したうえで、いくつかの事例を用いながら、観光まちづくりにおけるリー

ダーの役割と地域住民・組織との関わりを示した理論モデルを提示することである。

これまでの議論を踏まえると以下のようにまとめられる。

（1）観光まちづくりにおけるリーダーの役割は、先行研究の具体的な活動事例を確認するなかで、①ミッション・ビジョンの概念化や明確化、②ファシリテーションの役割、③マーケティング・スキルを発揮する役割、の3つがある。特に、②ファシリテーションの役割は、すべての事例研究のなかでリーダーの中心的な役割として確認することができた。

（2）観光まちづくり推進組織のように、地元愛に溢れ、意欲的な地域住民をいかに巻き込んでいく過程が多くのケースで語られていた。観光まちづくり推進組織では、メンバーにビジョンを共有し、互いに議論し合いながら、さまざまな世代間の価値観を受け入れ、アウトプットを生み出していく。多くのケースでは、カリスマ的なリーダーが組織を先導するというよりは、メンバーと協力して共に地域資源を活かした取り組み等を実施していることが伺えた。

（3）地域組織との関係については、「やわらかい管理」のもとで、地域住民や非営利組織、地域にある商工会組織、行政、産業組織との合意形成を働きかけるケースがいくつか見受けられた。また、観光産業側から着地型観光の共同開発や交通網整備など、協働して地域づくりに貢献するケースも確認された。

これらを踏まえたうえで、**図表9-4**に観光まちづくりにおけるリーダーの役割と地域住民・組織との関わりを示す新たな仮説モデルを示す。

本章の理論的貢献は、2つある。1つは住民や組織との関わりについてリーダーシップ研究を援用しながら、リーダーと各組織との関わりのプロセスを説明できる仮説モデルを明示したことである。既存研究において、矢吹（2010）が示したモデルは、地域ブランドのマネジメントが可能な自治体マーケティングあるいはNPOマーケティングの事例である。しかしながら、矢吹自身も自

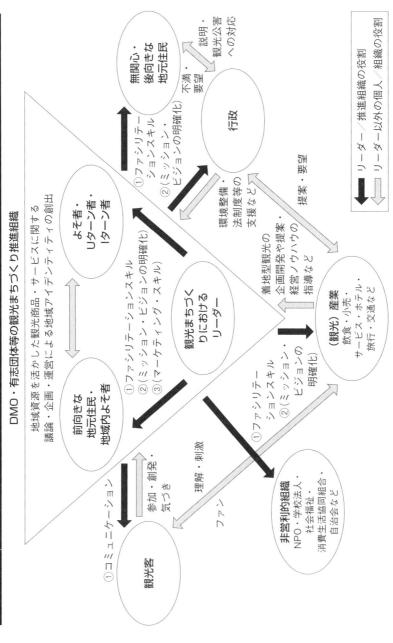

図表 9−4　観光まちづくりにおけるリーダーの役割と地域住民・組織との関わりを示した仮説モデル

DMO・有志団体等の観光まちづくり推進組織

地域資源を活かした観光商品・サービスに関する
議論・企画・運営による地域アイデンティティの創出

無関心・後ろ向きな地元住民

よそ者・Uターン者・Iターン者

①ファシリテーションスキル
②（ミッション・ビジョンの明確化）

前向きな地元住民・地域内よそ者

①ファシリテーションスキル
②（ミッション・ビジョン・
③（マーケティング・スキル）

観光まちづくりにおけるリーダー

行政

説明・観光公害への対応

不満・要望

環境整備・法制度等の支援など

提案・要望

着地型観光の企画開発や提案・
経営ノウハウの指導など

（観光）産業
飲食・小売・
サービス・ホテル・
旅行・交通など

①ファシリテーションスキル
②（ミッション・
ビジョンの明確化）

①コミュニケーション

参加・創発・気づき

理解・刺激

観光客

ファン

非営利的組織
NPO・学校法人・
社会福祉・
消費生活協同組合・
自治会など

リーダー（推進組織の役割）

リーダー以外の個人／組織の役割

出所：大田謙一郎（2021）「地方創生と地域住民・観光客の満足」西村順二・陶山計介・田中洋・山口夕妃子 編『地域創生マーケティング』88頁、「地域住民主体の地域づくりの原動力とプロセス」を参考に筆者作成。

治体が主体となる組織には限界があることを指摘している。また塩見（2021）の研究によれば、DMOの法人格のなかでも公益性が高い社団法人が運営する場合、事業や意思決定プロセスに制限がかかることが指摘されていた。本章では、前向きな地域住民や地域内よそ者、よそ者を活用しながら、リーダーが地域住民とどのように関わり合い、どのような役割を果たすのかを仮説モデルとして示すことができた。

　もう1つは、リーダーが果たす役割は、組織間によって果たすべき役割が異なる点を示したことである。基本的には、リーダーの役割として3つあることが示唆されたが、組織内外にかかわらず、ファシリテーションの役割は、すべての事例研究のなかでリーダーの中心的な役割として確認することができた。逆に、それ以外の役割は組織内外で補完することが可能であることが示された。

　本章では先行研究をレビューしながら仮説モデルを構築したが、その実証を行っていない。今後は実証研究を行いながら構築した理論モデルの修正を図る必要があるだろう。

彦惣康宏　*Yasuhiro HIKOSO*

第10章　官民連携による交流人口の増加

1. 広告会社と地域創生

　本章では、JR西日本コミュニケーションズが関わった「葛城地域観光振興シネマプロジェクト」を事例に、観光や旅行における課題を広告会社の視点から考察する。株式会社JR西日本コミュニケーションズは、JR西日本グループに属し、広告代理業を営む民間企業である。身近なところで言うと、JR西日本の駅や車内の広告媒体の開発、管理、販売から、テレビや新聞広告などのマスメディア広告の取り扱い、インターネット広告やイベントプロモーションの実施、各種マーケティング調査などを生業としているが、JR西日本のグループ企業だけではなく、その他一般企業からもさまざまな業務を受託している。

　JR西日本コミュニケーションズでは、JR西日本グループが進める地域共生への取り組み（詳しくは第3章を参照）や2014年に閣議決定された「まち・ひと・しごと創生長期ビジョン」を受け、官公庁や地方自治体を対象とした地方創生専門部署の設置を2016年に検討した。そこではじめに考えたのが、そもそも地方創生とは何か、という点である。

　当時、「地方創生」や「地域共生」といった言葉は流行り言葉のように耳にすることができた。全国津々浦々の観光地や過疎化が進む地域などに人を呼び込むことで仕事を生み出し、自立型地域経営を促していくことを多くの自治体が望んだわけである。官民連携による観光地域づくりを行うDMO（Destination

Marketing/Management Organization）という言葉が一般化してきたのもこの頃だ。当時は地域創生という公共事業に近い響きのある領域で、収益が前提となる広告会社としてどのようなことができるのか、行政や地域からどのようなことが求められているのかを知る前例が十分になかった。そこで、地方創生専門部署が果たすべき役割を明確にするため、次の2点をまず定めた。

第1に、地方の定義である。地方創生といっても非常に幅が広い。そもそも「地方」とはどこを指すのか。国土交通省では「地方とは、三大都市圏を除く地域」と定められている。三大都市圏とは東京、大阪、名古屋の各圏をいい、大阪圏は「大阪市、堺市、神戸市、京都市」の4つの政令都市をいう。これに対して「地域」は第1章でも見たように、地方と都市圏も含むエリアである。したがって、それら政令都市においても、それぞれのエリアに住む人である定住人口を増加させる取り組みや、本章で扱う観光や旅行などで地域外から地域を訪れる交流人口の拡大には積極的である。結論的にはほぼすべての地域を地方創生の対象とすべきと考えられる。

第2は、「創生」についてである。「創生」という言葉をデジタル大辞泉で調べると、「初めて生み出すこと。初めて作ること。」とある（https://kotobank.jp/word/% E5% 89% B5% E7% 94% 9F-312431）。詳細は第1章を参照されたいが、地方創生ないし地域創生は、①地域の精神的・経済的な自立、②自然、環境、地域と共生する持続可能性、③地域主権や自治を支える公・共・私の3セクターの協力、④地域間連携、によって地域社会を活性化することに他ならない。

したがって、地方自治体やDMOなどが実施する広告宣伝や観光イベントであってもそうした地方創生ないし地域創生にいかに関連するかが問われる。広告宣伝や観光イベントなどを受託し実施することが重要であることは当然であるとしても、JR西日本グループの広告代理店としてやるべきこと、広告宣伝や観光イベントなどが地域創生に向けた「手段」の単なる手伝いにとどまることなく、「創生」が表す新しい価値やモノ、サービスを生み出す本来の地域創生に協力していくことを考えることが求められる。そういった思いからJR西日本グループが掲げる「地域共生」、すなわち、事業展開を通じて地域の課題解決を図ることで「地域価値の向上」と「企業価値の向上」を両立させる「エ

リアCSV（共有価値の創造）」（第3章を参照）という言葉を広告会社として解釈し、JR西日本コミュニケーションズが行う創生は地域と「共」に「創」るべきと定め、新しい専門部署は「地域共創ビジネス室」と名づけられた。そのきっかけとなったのが、奈良県葛城地域を舞台にした劇場用映画作品「天使のいる図書館」の製作を行った「葛城地域観光振興シネマプロジェクト」である。

2. コンテンツを生かした地域創生

2-1. コンテンツビジネス

　映画の製作は、広告代理店の仕事のなかでいうと「コンテンツビジネス」「コンテンツ産業」と言われる分野になる。コンテンツないしコンテンツ産業については、経済産業省で海外需要開拓支援機構やクールジャパンといった国家戦略などとの関連でこれまで論じられてきた。2013年6月に閣議決定された『日本再興戦略-JAPAN is BACK-』では、日本の中長期的な経済成長を実現するためのシナリオ、および鍵となる制度改革が打ち出されている。そこではコンテンツやコンテンツ産業、コンテンツビジネスについても言及され、テレビ番組、アニメ、キャラクターなどの映像はもちろん、アプリケーション、音楽、写真、イラストなどで収益を得る著作権ビジネスに類するものがよく論じられている。その一方で、日本の豊かな文化を背景とした日本食を特徴づけるコンテンツとして水産物、日本酒などのコメ・コメ加工品、牛肉、青果物なども日本食を特徴づけ、「日本の魅力」を効果的に発信し、産業育成や海外需要の取り込みに結実させるものにも言及されており、その定義は曖昧というか広いと言わざるを得ない（https://www.kantei.go.jp/jp/singi/keizaisaisei/pdf/saikou_jpn.pdf）。

　ここでは広告会社と非常に親和性が高く、その製作に関わることの多い映画やアニメーションをコンテンツビジネスとして取り上げて論じていきたい。映画というコンテンツは、何億という費用をかける誰もが知る大作から、数千万

図表10-1 映画における製作費と制作費

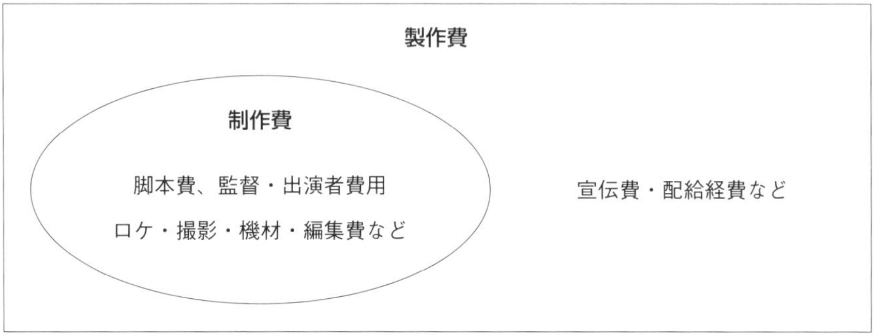

製作費

制作費

脚本費、監督・出演者費用

ロケ・撮影・機材・編集費など

宣伝費・配給経費など

円前半という映画にしては比較的リーズナブルな製作費の映画まで千差万別である。よく映画の予告編などで、総製作費何十億円、といった大きなテロップが流れるため、5億円、10億円は当たり前の世界と考えられるかもしれないが、内容によっては100分を超える映画が5,000万円程度でつくられている場合もある。広告業界において15秒のテレビCMを1本つくる場合、著名なタレントなどを起用すると数千万円規模の制作費になることも珍しくはない。そのCM制作費と変わらない費用で100分を超える映画をつくっている事例もある。2018年に劇場公開された映画「カメラを止めるな！」が、数百万円という非常に安価な制作費で話題になったのも記憶に新しい。なお、「製作費」は、作品自体の制作費に加え、宣伝費なども含む総事業費のことを言い、「制作費」はその映画やCMなどの直接的な本編制作部分の費用と使い分けられている（**図表10-1**）。

　映画コンテンツは企画段階から映画として世の中に送り出すまでの間、非常に長期間にわたりPRの機会があることも特徴だ。

　一例として、まずは脚本の制作から監督の選定など初期段階での製作決定リリース、次に主演・キャスト決定時や撮影開始時、撮影終了時のクランクアップなどもリリース発信のタイミングがある。編集作業を経て作品によっては国内外の各種映画祭へのエントリーなどを行い話題化を図る。完成披露試写会、予告編放映などから出演者によってはテレビやネット番組での番宣出演などの宣伝PRを行い、ようやく全国劇場公開となる。ここまで作品の規模にもよる

がおおよそ2年程度の期間をかけ、劇場公開終了後もDVD化、オンライン配信、場合によっては海外へのコンテンツ輸出などのチャンスもあり、1つのコンテンツは長期間にわたり露出が期待できる。

これらすべての中身を含め約5,000万円程度で企画を立てることも内容によっては可能である。そこでJR西日本コミュニケーションズでは、誘客に力を入れたい観光地、知名度向上を狙いたい観光系企業、農業の魅力を伝え就農支援を行いたい行政などにオリジナルの映画コンテンツ製作の提案ができないかと考えた。制作費とは別に放映料が数千万円から時には1億円を超える全国的なTVCMに比べると、「映画」と「宣伝」をうまく結びつけられれば非常に魅力的な企画となる。そしてうまくいけば映画製作プロジェクトは地域創生に資する取り組みになり得る可能性もある。さまざまな事例を調べながら企画を整え、最初に実現にこぎつけたのが「葛城地域観光振興シネマプロジェクト」、そこで製作された「天使のいる図書館」である（**図表10-2**）。

２２. 映画と地方

今でこそフィルムツーリズムという言葉はよく耳にする。アニメーション映画「君の名は。」では、作品のヒットにより岐阜県内のローカル線が注目され、多くの映画ファンが訪れた。聖地巡礼という言葉のもと映画ファンがロケ地に押しかける（聖地巡礼について詳しくは第5章を参照）。その要因にはSNSの普及が大きい。ロケ地でキャストと同様のポーズで写真を撮りSNS上でアップし、またそれが同じ趣味の人々と繋がり拡散していく。「鉄道屋」、「寅さん」シリーズなど、ロケ地となった場所が話題となり、人々が訪れ写真を撮る風景などはよく目にすることができる。ロケ誘致を行い、撮影の手助けをしつつ我がまちのPRに繋げる地域のフィルムコミッションの活動も各地で活発化している。

特定非営利活動法人ジャパン・フィルムコミッション事務局によれば、フィルムコミッションは3つの要件から成ることが記載されている（http://eiganabe.net/wp/wp-content/uploads/2014/06/00b9e56ac52d3191064b7ad3a43e0c0f.pdf）。第1は、非営利公的機関という点である。自治体や外郭団体、NPOや

出所：©2017「天使のいる図書館」製作委員会。

　商工会であっても無償で制作支援を行い、撮影隊と金銭の授受を行わない関係を保つため資金援助、タイアップ協力は行わない。第2は、撮影のためのワンストップサービスを提供するという点である。撮影に関する一元的な窓口を担い、ロケーション情報の提供や、公的施設等を利用する際の、許認可調整を行っている。第3が、作品内容を問わないという点である。すべての依頼作品を支援し、撮影の内容や規模によって優遇・拒否することをしない。優遇されることを狙ったり、拒否されることを恐れたために作品内容が自主規制されるような結果になれば、「表現の自由」を制約することになりかねないためである。

　映画製作側にとって、各地のフィルムコミッションは非常に強い味方である。撮影地のコーディネートはもちろん、撮影時の道路使用許可、エキストラの手

配からスタッフの食事提供先の情報、面倒な行政手続きの案内まで引き受けてくれることもある。フィルムコミッション側も、現地の調整を請け負うことでロケ地誘致を行い、その結果、我がまちがテレビや映画に露出されれば、大きなPR効果をもたらすことが期待できる。ただ、非営利、かつ作品内容に口出しをしないことが前提のフィルムコミッション側において、時間と労力をかけて調整や協力を行うものの、その地域の観光地や伝統文化、食など、伝えたいことを取り上げてもらえるかどうかは費用を拠出している映画製作側の判断に委ねられるため、満足いく露出に繋がらないということもある。

地方自治体自らが、市政100周年などの周年事業で映画製作を行う場合もある。「ご当地ムービー」などと呼ばれることもあるこの手の映画作品は、製作費用は基本的に全額自治体側自らが負担、もしくは商工会会員企業などからの寄付、各種補助金などを活用し、主として自分たちのまちのPRに繋げることを目的として製作される。観光地や地域の文化、産業、郷土食、歴史などをテーマとすることが多く、自治体側の要望を元に映画製作を進めていく流れとなる。費用を負担する自治体側のリクエストは常識的な範疇においては無制限である。製作側も最初は作品のクオリティを担保しつつ、自治体からのリクエストをうまく絡めながら、映画として良い作品をつくる意気込みでスタートするが、費用を負担する側の意見が最終的には強くなる。ストーリーと直接関係のない、自分たちのPRしたい観光地や名産品、サービスなどの紹介依頼が舞い込み収拾がつかなくなり、製作側も徐々に思考を切り替え「受託業務」と割り切り自治体側の言うとおりの作品づくりを進める。本来外部の人に見てもらい、訪問意欲を掻き立てるはずの作品が、最終的には地元の人しか興味をもたない自己満足の映画が完成してしまう結果になることもある。

映画コンテンツを活用した地域のPRにおいて、自治体側、映画製作側、双方にとっての成功とはなんだろうか。自治体側は自らの地域の良さを、映画を通じて外部に伝えることが成功である。仮に観光がテーマだとすると、地域にある観光地を映画のなかで魅力的に映し出してもらい実際の来訪に繋げたい。映画製作側は、映画興行自体の成功が第一である。双方にとって共通することは、「1人でも多くの人に映画を見てもらう。」という点に集約される。その目的達成に向けて双方が協力しつつ役割を明確化して取り組むことが重要となる。

3. 「葛城地域観光振興シネマプロジェクト」

3-1. 奈良県葛城地域

　葛城地域観光協議会は、奈良県中西部にある、大和高田市、葛城市、香芝市、御所市、広陵町の４市１町を構成自治体とする、地域の観光促進を目的とした団体である。奈良県は、東大寺や興福寺など観光名所が数多くある奈良市街や、古墳群のある飛鳥地方、法隆寺のある斑鳩地域などは多くの観光客が訪れ、少し足を伸ばせば桜で有名な吉野から、和歌山県との県境にある世界遺産高野山に抜けてしまう。そのような観光地に囲まれ、葛城地域は豊富な観光資源はあるものの素通りされてしまうエリアであった。毎年地域のPRを行っているが葛城地域の認知度を向上させることは簡単ではなく、何か新しい手法を探していたところ、映画によるPRに関心をもつようになった。

　企画検討にあたり地域について調べていくと、魅力的な観光コンテンツが多数存在していることが明らかになった。二上山の火山活動に伴う隆起によって凝灰岩が露出し、その形が松林に鶴がたむろしている姿に見えることから名づけられたという「屯鶴峯」や、日本最古の官道と言われ、古くから大阪と奈良を繋ぐ交通の要所で今も古い町並みが残る竹内街道、眼下に一面百万本と言われる大パノラマにつつじの群生が広がる葛城高原、高田川沿い両岸2.5kmにわたり広がる高田千本桜、古刹當麻寺をはじめとする大小さまざまな神社仏閣がエリア内に数多く存在している。

　これらをストーリーに取り入れつつ、行政が作る観光PR映像とは異なるオリジナルの作品をいかに仕上げていくかが課題であった。さらに調査を進めると、広陵町立図書館が全国有数の貸出率を誇り、利用者からの問い合わせはもちろん、地域の文化や歴史などについても相談に応じるレファレンスサービスにも力を入れており、全国の公立図書館においては有名な存在であることが分かった。そこで今回JR西日本コミュニケーションズのパートナーとして映画コンテンツ企画を一緒に進めてきた株式会社ワンダーラボラトリーの山国プロ

デューサーの発案により、図書館司書を主人公とし、図書館の利用者からの相談内容に沿って地域を案内しながら物語を紡いでいく原案が固まった。

3-2. WIN-WINの関係づくり

映画というコンテンツは基本的に能動的な視聴が求められる。この点は番組間に流されるTVCMとは根本的に異なる。今回の映画製作の目的は、約100分の映画を視聴した人が、自然と葛城地域の魅力ある情景や多くの情報に触れ、キャストが生き生きと活躍しているその場所へ、いつか自分も行ってみたいと訪問意欲を掻き立てることである。すなわち聖地巡礼を促すことが求められる。さらに、各自治体から希望のあった葛城地域の魅力ある場所を映画に記録し、可能な限り市民・町民の方々に映画づくりに参画してもらい、映画製作を通じて改めて我がまちの良さを再発見することで「郷土愛」を醸成することである。これらの目的を達成するために、どのように映画製作を進めていけば自治体側、映画製作側の双方にとって「成功」と言える結果に導けるのか。映画製作サイドでこれらの目的を実現するために、以下の3点を提案の柱とした。

◉──（1）「葛城地域観光振興シネマプロジェクト」の要旨
　①協議会側、映画製作側双方が資金を拠出して映画を製作する「官民連携プロジェクト」とする。

双方が費用を拠出し共にリスクを背負うことにより、過去の事例のような発言力の偏り、対立構造を解消、双方にとっての「成功」に向かい、忖度なく最良の選択を行える協業体制を構築する。

②協議会側、映画製作側双方の役割を明確化する。

協議会側は、エリア内のロケ候補地を選定し映画制作側に提示をし、自治会など地域との調整を行い映画製作に協力し、映画の内容については映画製作側に完全にお任せをする。映画製作側は、映画製作そのものに注力し、良質な映画を完成させる。

③プロジェクトメンバーに権限を与える。

限られた期間内で進行するプロジェクトのため、プロジェクト定例会に映画

製作側プロデューサー陣と、協議会を構成する各自治体から指定されたプロジェクトメンバーによる定例運営会議を行い、その場で迅速な意思決定を行える体制にする。

構成する5つの自治体それぞれの内部事情が異なるため、議論は容易には進まなかったが、上記の提案内容を軸に官民連携「葛城地域観光振興シネマプロジェクト」はスタートした。

5つの自治体から各3カ所、計15カ所のロケ候補地がリストアップされ、それに伴いさまざまな要望が寄せられた。国の交付金を活用する事業でもあるがゆえ、公平性などが議論され、行政側と映画製作側それぞれの主張が平行線になることもあったが、そこは提案の3つの柱を軸にさまざまなことが決められていった。双方が費用を拠出しているため忖度をする必要が無く、本当に良いものは何かという本質論で喧々諤々と議論ができる。1つ1つ課題を解決しながら制作作業は進み、先のリファレンスサービスを題材とした設定のなかに、各自治体の要望を汲み取りながら脚本の初稿が完成した。読み終えたプロジェクトメンバーからは、各々の要望や選んだロケ地が作品内に収まり、それでいて自然なヒューマンストーリーに仕上がった内容に、読み終えて涙したという声もあった。

これを機に、行政側からも「プロに任せて素人は口出ししない。」と信任を得ることができた。本プロジェクトは地方創生加速化交付金を活用した事業であり、行政予算が絡むため「年度」という予算単位に縛られる。4月のプロジェクト決定から、翌3月には映画が完成し、劇場公開までもっていかなければならず、通常2年以上はかけてつくる映画製作においては極めて短期間のプロジェクトと言える。

企画が進むにつれ、地元での出演者オーディションの開催、製作発表会見、主演決定等のプレスリリースを行い、全国に映画と共に葛城地域の名前が拡散していった。ロケ地では地元婦人会による炊き出し、葛城地域各地で進む撮影地でのスタッフやキャストとのふれあい、それらを通じて「我がまちの映画」の完成をみんなで待ち遠しくなる思いを共有でき、郷土愛の醸成を促すことができた。約3週間の集中した撮影期間の後、編集作業を経てまず、関係者向けの上映を行ったが、作品は関係者からも高い評価を得ることができた。

図表10-3　TOHOシネマズ橿原（奈良県）での公開初日の様子

出所：筆者撮影。

　2017年2月奈良県での先行劇場公開を経て、3月には全国での劇場公開が行われた。地元奈良の映画館では約2カ月のロングラン公開となり多くの来場者で賑わった（**図表 10-3**）。

3-3.「天使のいる図書館」の効果

　映画コンテンツは完成して終わりではない。劇場公開から配信、地域での上映会、DVDレンタルなどで、いかに長く多くの人に作品に触れてもらうかが重要である。本作は図書館司書が主人公で、図書館が舞台となっている。葛城地域を構成する行政だけでなく、地域ゆかりの企業からのスポンサードに加え、（公社）日本図書館協会や、（公社）全国学校図書館協議会の協力、後援も取り

	2015年	2016年	2017年	2018年	2019年	2020年
県北部 （対前年）	1,526	1,610 105.5%	1,639 101.8%	1,621 98.9%	1,614 99.5%	667 41.3%
県西部 （対前年）	532	598 112.4%	603 100.8%	612 101.4%	639 104.4%	399 62.4%
県東部 （対前年）	1,701	1,806 106.1%	1,783 98.7%	1,796 100.7%	1,877 104.5%	1,311 69.8%
県南部 （対前年）	387	392 101.2%	396 101.0%	391 98.7%	373 95.3%	247 66.2%

＊県西部：葛城地域を構成する5つの市町が含まれるエリア。
出所：奈良県観光客動態調査報告書令和2年（2020年）1月～12月／奈良県観光局ならの観光力向上課）を
もとに筆者作成。

付け、全国の図書館にも本作のDVDを配架し、長きにわたって図書館単位での上映会なども開催されている。地方創生加速化交付金の活用にあたり、各自治体が設けていたKPI（key performance index）、劇場動員数1万人、視聴アンケート満足度80％以上などはクリアしたものの課題も残った。全編葛城地域でのロケという触れ込みが、ローカル映画のイメージを強くし、近畿圏以外の地域では劇場動員が芳しくなかったのである。しかし、2016年度末の単年度終了時点で、本映画製作プロジェクトに伴うさまざまなPR効果は、広告価値換算約1億5,000万円強と算定された（2017年度広告価値換算表に基づくJR西日本コミュニケーションズ調べ）。翌年以降のDVD販売やオンライン配信、ロケ地めぐりバスツアーの実施、東京、奈良での劇場リバイバル上映なども開催されており、予告編のYouTube動画の視聴数も2022年7月時点では2016年度末時点の約3倍となっており、広告価値換算額は飛躍的に増え続けている。

　図表10-4の奈良県エリア別観光客推移表によると、2017年3月の全国劇場公開以降、奈良市を抱える県北部や県南部の落ち込みは顕著であるものの、葛城エリアを含む県西部が唯一コロナの影響が出始めた2020年までの間、観光客数が一度も前年割れをしていない。もちろん、観光客数の増加がすべて映画によるものだと断定できるわけではない点には留意したいものの、県西部のみが2017年度〜2019年度の3年間で前年割れをしていないことは強調しておきたい。

4. まとめと今後の課題

　岡村・小松・菊池（2008）は地域内において制作・撮影された動画、静止画、テキスト、音楽、音声といった情報である地域コンテンツのビジネスモデルの考察を行っている。地域コンテンツビジネスの評価軸として、①コンテンツのモチベーション（利用者ニーズ、社会性、地域活性化性）、②ビジネス・プロジェクトとしての可能性（主体・連携性、ビジネス優位性、地域産業との連携）、③プロジェクト成功のエンジン（媒体適正、需要増・顕在化、情報量の確保、情報更新・収集の容易性、情報品質の確保）を提起した。そして当該事業を継続的に実施できる仕組み・枠組みがなかなか成立しにくい理由として、コンテンツの収集の困難、魅力あるコンテンツがない、地域外のニーズがないかマーケットがニッチである、版権整理が煩雑すぎる、プロがつくると制作コストがかかりすぎるなどを挙げた。

　本章の「葛城地域観光振興シネマプロジェクト」の事例は、地域コンテンツのビジネス・プロジェクトが成功する要因のうち、第1に、主体・連携性のうち他の地域主体や地域産業との連携が図られていること、第2に、情報品質の確保という点では映画製作側プロデューサー陣や俳優を用いることでリッチコンテンツやプロデュースなどが円滑かつ高いクオリティが実現できた。第3に、この映画が魅力的な作品になり、地域外の人々にとって葛城地域が聖地化し、先に見たように観光客を中心に多くの交流人口の形成に繋がった。その結果、観光産業や産品の販売を行う地域商業などにも影響を与え、地域の創生や活性化がもたらされた。

　本事例から5年程度が過ぎているが、公共事業において民間のノウハウを活用した成功事例はまだ少ない。「葛城地域観光振興シネマプロジェクト」ではJR西日本コミュニケーションズが映画製作委員会に出資を行い、自ら映画事業プロデューサーとして参画し、事業を進めてきた。このような「プラットフォーム型ビジネスモデル」、自らも地域創生に資する施設や取り組みなどに出資を行い、一定のリスクを背負ったうえで地域とともに中長期にわたって信頼を得ていく、そういったプロジェクトが地域創生で果たす役割は小さくない

だろう。

　地域と共に創る。まだまだ道半ばであるが、少しずつ協業できる地域を増や
し、新たなイノベーションをそこから起こしていくことが求められている。

あとがき

　「地域創生と観光」という分野において取り組みを着実に進めていくには、環境の変化に臨機応変に対応し、これまでにない切り口で新たなチャレンジを重ねていくことが求められる。

　21世紀に入ってから、JR西日本ではさまざまな形で地域共生と観光の活性化に取り組み、その成果が地域創生の成果としても現れてきた。今回の出版に際しては、そういった成果を単に企業内の暗黙知として活用するだけでなく、世の中での形式知として活用いただきたい、という思いで企画協力を行った。

　コロナ禍で「地域創生と観光」にとって重要な「ひと」の動きを促すうえで大切なことは「旅の目的」である。2000年代、中国地方での観光開発に成功したJR西日本の「DISCOVER WESTキャンペーン」では、「旅の目的」を提供するために、鉄道会社が地域の自治体・旅行会社と連携し、観光素材の発掘に加え、移動需要の向上、地域の活性化において成果を挙げた。地域はその土地の観光素材を整備し、旅行会社は旅行商品を造成して販売する一方、JRはマスメディアやまた駅や電車のなかで宣伝を行い、安全かつ快適なお客様の移動を推進する、という具合にお互いWIN－WIN－WINの関係をもたらすための方向性を定めた。

　当時、首都圏では、中国地方への旅行経験・旅行意向のある人が全体の１％しかなく、旅行商品の数も５つ、結果として旅行者数は年間で8,000人という少なさだったが、2003年に新幹線の品川駅が開業し、東海道・山陽新幹線を直通運転する「のぞみ」が大増発され、首都圏から中国地方への利便性が大幅に向上した。その輸送力を活かして、首都圏から中国地方への旅行者増を狙ったのが「DISCOVER WESTキャンペーン」である。旅行会社や地域とJRの三者連携により、新たな企画の検討を進めた結果、首都圏から中国地方への旅行者は年々増加し、キャンペーン開始前は年間8,000人に過ぎなかった旅行者数が、2014年度には40万人にまで増加した。

　この取り組みのなかで、「ひと」の動きを促すとともに、「まち」、「しごと」との好循環を生み出すうえでの重要な切り口として、「駅から先の二次アクセ

スの充実」と「その土地ならではの魅力付け」に注力した。1点目の二次アクセスでは、鉄道のみならず駅から先の観光地までのアクセスを含めた、旅行者の移動全体を考える必要がある。ここでは「駅から観タクン」という、2時間の観光コースを既存のタクシーで巡る取り組みが成果を挙げた。駅前でのタクシーの利用は朝や夕方は多いが昼間は比較的少ない、という調査結果から利用時間を閑散時間帯9時〜15時に設定したところ、タクシーの利用も増え、地域の「しごと」の活性化にも繋がった。

2点目の「その土地ならではの魅力付け」という観点では、多くの観光地のなかから旅行者に選ばれるには「その土地の売り」の明確化がポイントであり、オンリーワンの観光素材・切り口を用意する必要がある。ここでは、地域の伝統産業とのタイアップを意味する「お誂え」の代表例である「児島ジーンズ」を紹介したい。国内で最初にジーンズを生産した日本のジーンズ発祥の地である岡山県児島市にて、児島ジーンズの観光素材化に挑戦したところ、意外なことに廉価なアウトレット商品ではなく高額のオーダーメイドジーンズに人気が集まった。そこには、オーダーメイドという形で「自分のこだわりを実現したい」というニーズがあった。この取り組みが好評を博したため、兵庫の豊岡カバン、金沢の加賀友禅など、地域に根ざした各地の伝統産業で水平展開した。「お誂え」は、観光の魅力付けの1つになることの他、お客様にはプロセスや値段がはっきりしていて安心というメリット、地元には地域の伝統産業にスポットがあたるというメリットがあることから、西日本エリア以外にも広がっていった。これは「まち」固有の「しごと」にスポットを当てて「ひと」を呼び込む好循環による好事例とも言える。

これが序章で紹介した「鹿児島カレッジ」に繋がり、三者連携の枠組みに旅行者も加わった四者連携での新たな取り組みが生まれた。参加大学生（旅行者）は取り組み終了後も、繋がりのできた人々との出会いを求めて「第二のふるさと」を訪問するようになった。これはまさに「関係人口」という概念ができる以前に、その重要性を示唆したものとして注目される。

この「カレッジ施策」での成果は、JR西日本が地域で展開する取り組みにも活用されている。「せとうちパレットプロジェクト」では、神戸松蔭女子学院大学の提案が、JR西日本オリジナル自転車「SHIMANAMI LEMON

BIKE」として採用された。同大学の青谷准教授は、「2019年度の瀬戸内カレッジでの尾道チーム7人の提案が商品化され、一同感激した。地域を色で表現したのは初めてかもしれない。」と振り返っている。また、和歌山大学は、木川教授の指導のもと、2020年度の瀬戸内カレッジ（新居浜）において「家族を魅了する新居浜で見つけた観光遺産」のタイトルで家族向けのツアーを提案し、その中で、地元の食材を活かした「ざんぎらず」を開発。実際に商品化された。このように観光の当事者である旅行者からの提案は、旅行者目線かつ斬新であり、地域や旅行会社にとっても有益である。

　本書では「連携」、「交流」というキーワードが多くの章で取り上げられているように、「地域創生と観光」を進めていくうえで最も大事なものは「連携」であり、「交流」である。本書の刊行においても、多くの方々との「連携」、「交流」とご協力・ご支援によって完成させることができた。出版に際し大変お世話になった関係各位にあらためて感謝の意を表し、この「あとがき」を締めさせていただきたい。

室　博

小菅謙一

参考文献

【序章】

Czamanski S. (1973) *Regional and Interregional Social Accounting*, Lexington Books.

Richardson, H. W. (1979) *Regional Economics*, University of Illinois Press.

井原健雄（1983）「地域分析における地域概念の検討」『香川大学経済論叢』第56巻第1号、245-257。

陶山計介（2017）「観光地ブランドの競争力構築における経験情報の役割」『商経学叢』第64巻第2号、23-43。

西村順二（2021）「地域の活性化を考える視座」、「地域創生の論理とマーケティング・コミットメント」西村順二・陶山計介・田中洋・山口夕妃子 編『地域創生マーケティング』中央経済社、10-11、17-18。

じゃらんリサーチセンター「2022年5月時点（第13回）国内宿泊旅行ニーズ調査 報告書」（2022年6月22日）

『日本経済新聞』「『東京圏転入超』は連続減 コロナ禍、生活様式に変化も」（2022年5月4日朝刊）

『日本経済新聞』「欧米の旅行需要、ほぼコロナ前水準に 東アジアは低迷」（2022年5月30日付）

観光庁 若者旅行振興研究会「若者旅行振興の必要性について」（2011年2月14日）（https://www.mlit.go.jp/common/000161444.pdf）

観光庁「観光白書2019年度」（https://www.mlit.go.jp/kankocho/news02_000386.html）

観光庁「観光白書2020年度」（https://www.mlit.go.jp/kankocho/news02_000447.html）

観光庁「観光白書2021年度」（https://www.mlit.go.jp/kankocho/news02_000447.html）

国土交通省総合政策「用途・圏域等の用語の定義」（https://www.mlit.go.jp/totikensangyo/H30kouji05.html）

自民党「第187回臨時国会における安倍内閣総理大臣所信表明演説」（https://www.jimin.jp/news/policy/126065.html）

衆議院HP「まち・ひと・しごと創生法」（https://www.shugiin.go.jp/internet/itdb_housei.nsf/html/housei/18720141128136.htm）

内閣官房・内閣府「地方創生」HP第2期「まち・ひと・しごと創生総合戦略」（2019年12月20日閣議決定）（https://www.chisou.go.jp/sousei/info/pdf/r1-12-20-senryaku.pdf）

内閣官房・内閣府「地方創生」HP第2期「まち・ひと・しごと創生総合戦略」（2020改訂版）（https://www.chisou.go.jp/sousei/info/pdf/r02-12-21-senryaku2020.pdf）

総務省HP「関係人口」（https://www.soumu.go.jp/kankeijinkou/about/index.html）

総務省HP「これからの移住・交流施策のあり方に関する検討会 報告書：「関係人口」の創出に向けて」（2018年1月）（https://www.soumu.go.jp/main_content/000568242.pdf）

日経XTREND「グーグル、ヤフー対抗の伏兵、JR西日本がジオメディア競争で「マイフェバ」投入」（2011年07月27日）（https://xtrend.nikkei.com/atcl/case/nmg/18/221687/）

【第1章】

Algesheimer, R., U. M. Dholakia, and A. Herrmann（2005）"The Social Influence of Brand Community: Evidence from European Car Clubs," *Journal of Marketing*, Vol.69, No.3, 19-34.（宮澤薫 訳「ブランド・コミュニティの社会的影響：ヨーロピアン・カークラブの実証研究に基づいて」『季刊マーケティングジャーナル』第26巻第3号、2007年、95-105）

Anholt, S.（2003）*Brand New Justice: The Upside of Global Branding*, Butterworth-Heinemann.

Anholt, S.（2007）*Competitive Identity: The New Brand Management for Nations, Cities and Regions*, Palgrave Macmillan.

Ashworth, G. and M. Kavaratzis（2010）*Towards Effective Place Brand Management: Branding European Cities and Regions*, Edward Elgar.

Bagozzi, R. P. and U. M. Dholakia（2006）"Antecedents and Purchase Consequences of Customer Participation in Small Group Brand Communities," *International Journal of Research in Marketing*, Vol.23, No.1, 45-61.

Czamanski,C.（1973）*Regional and Interregional Social Accounting*, Lexington Books.

Hillery, G. A., Jr.（1955）"Definitions of Community: Areas of Agreement," *Rural Sociology*, Vol.20, 111-122.

Kavaratzis, M., M. J. Hatch（2013）"The Dynamics of Place Brands: An Identity-based Approach to Place Branding Theory," *Marketing Theory*, Vol.13, No.1, 69-86.

MacIver, R. M.（1917：1924）*Community: A Sociological Study*, Macmillan. 1st ed., 3rd ed.（中久郎・松本通晴 監訳『コミュニティ 社会学的研究：社会生活の性質と基本法則に関する一試論』ミネルヴァ書房、1975年）

MacIver, R. M. and C.H. Page（1950）*Society‒An Introductory Analysis*, Macmillan.

McAlexander, J. H., J. W. Schouten and H. F. Koenig（2002）"Building Brand

Community," *Journal of Marketing*, Vol.66, No.1, 38-54.

Muniz, A. T. Jr. and T. C. O'Guinn (2001) "Brand Community," *Journal of Consumer Research*, Vol.27, 412-432.

Richardson, H. W. (1979) *Regional Economics*, University of Illinois Press.

Tuan, Y. F. (1975) "Place: An Experiential Perspective," *Geographical Review*, Vol.65, No.2., 151-165.

Tuan, Y. F. (1977) *Space and Place: The Perspective of Experience*, University of Minnesota Press. (山本浩 訳『空間の経験：身体から都市へ』筑摩書房、1988年)

Zenker, S., E. Braun, and S. Petersen (2017) "Branding the Destination Versus the Place: The Effects of Brand Complexity and Identification for Residents and Visitors," *Tourism Management*, Vol.58, 15-27.

阿久津聡・天野美穂子 (2007)「地域ブランドとそのマジメント課題」『マーケティングジャーナル』第27巻第1号、4-19。

井原健雄 (1983)「地域分析における地域概念の検討」『香川大学経済論叢』第56巻第1号、245-257。

植田和弘他 編 (2004)『持続可能な地域社会のデザイン』有斐閣。

大森寛文 (2020)「地域ブランド・コミュニティ構築と地域住民のつながり醸成：地ビールのブランディングを題材として」『明星大学経営学研究紀要』第15号、121-140。

木内新蔵 (1968)『地域概論』東京大学出版会。

北川フラム (2010)『大地の芸術祭』角川学芸出版。

清成忠男 (2010)『地域創生への挑戦』有斐閣。

久保田進彦 (2003)「リレーションシップ・マーケティングとブランド・コミュニティ」『中京商学論叢』第49巻第2号、197-257。

小林哲 (2016)『地域ブランディングの論理』有斐閣。

神野直彦 (2004)「地域おこしの新しいシナリオ」神野直彦 編『自立した地域経済のデザイン』有斐閣、1-28。

陶山計介 (2002)「ネットワークとしてのマーケティング・システム」、「ブランド・ネットワークとしてのマーケティング」陶山計介・宮崎昭・藤本寿良 編『マーケティング・ネットワーク論』有斐閣、1-18、61-78。

陶山計介 (2021)「地域創生と『コト』ベースのブランディング」西村順二・陶山計介・田中洋・山口夕妃子 編『地域創生マーケティング』中央経済社、92-112。

陶山計介・妹尾俊之 (2006)『大阪ブランド・ルネッサンス』ミネルヴァ書房。

園田恭一 (1983)「討論・日本的コミュニティとは何か」磯村英一 編『コミュニティの理論と政策』東海大学出版会。

寺村淳・森田海・島谷幸宏 (2017)「震災復興における地域コミュニティに寄り添う

　　復興支援の在り方に関する研究：熊本地震における椿ヶ丘復興支援ハウスの取り組みを例にして」『自然災害科学』第36巻 特別号、25-40。

西村順二（2021）「地域創生マーケティングの現状と課題」、「地域創生の論理とマーケティング視点」西村順二・陶山計介・田中洋・山口夕妃子 編『地域創生マーケティング』中央経済社、1-13。

羽藤雅彦（2019）『ブランド・コミュニティ：同一化が結びつきを強化する』中央経済社。

松原治郎（1978）『コミュニティの社会学』東京大学出版会。

宮澤薫（2011）「ブランド・コミュニティとの同一化の影響：同一化に先行する要因と結果の再検討」『千葉商大論叢』第49巻第1号、201-220。

宮澤薫（2012）「ブランド・コミュニティ同一化の測定に向けて：概念の整理と検討」『千葉商大論叢』第49巻第2号、217-237。

若林宏保・徳山美津恵・長尾雅信（2018）『プレイス・ブランディング』有斐閣。

人文地理学会 編（2013）『人文地理学事典』丸善出版。

玉木有紀子（2022）「あるく みるきく そして話す『旅』」『越後妻有大地の芸術祭の里』その34、8。

The Japan Times, Monday, June 7, 2021.

九州地方整備局八代復興事務所HP（https://www.pref.kumamoto.jp/uploaded/life/74612_258880_misc.pdf）

熊本県HP「第2期熊本県まち・ひと・しごと創生総合戦略～新しいくまもと創造に向けて～」（2021年3月）（https://www.pref.kumamoto.jp/uploaded/attachment/133650.pdf）

熊本市HP「熊本市の復旧・復興の主な成果と今後の取組」（https://www.city.kumamoto.jp/hpkiji/pub/Detail.aspx?c_id=5&id=33891）

国立社会保障・人口問題研究所HP『国民生活審議会調査部会コミュニティ問題小委員会報告書』（1969年9月29日）（https://www.ipss.go.jp/publication/j/shiryou/no.13/data/shiryou/syakaifukushi/32.pdf）

総務省HP『新しいコミュニティのあり方に関する研究会報告書』（2009年8月28日）（https://www.soumu.go.jp/main_content/000037075.pdf）

特許庁（2020）『地域団体商標ガイドブック』（https://www.jpo.go.jp/system/trademark/gaiyo/chidan/document/tiikibrand/ebook/2020/index.html）

内閣府HP「平成28年熊本地震-内閣府防災情報のページ」（https://www.bousai.go.jp/kohou/kouhoubousai/h28/83/special_01.html#:~:text=％E7％86％8A％E6％9C％AC％E5％9C％B0％E9％9C％87％E3％81％AE％E4％BA％BA％E7％9A％84,％E8％A8％88％E3％81％8C16％E4％B8％87％E6％A3％9F％E3％80％82）

道の駅 阿蘇HP（https://www.aso-denku.jp/）

【第2章】

越後妻有大地の芸術祭実行委員会 編（2001）『大地の芸術祭：越後妻有アートトリエンナーレ2000』現代企画室。

香川大学瀬戸内圏研究センター 編（2012）『瀬戸内海観光と国際芸術祭』美巧社。

北川フラム（2005）『希望の美術・協働の夢　北川フラムの40年』角川学芸出版。

北川フラム（2010）『大地の芸術祭』角川学芸出版。

北川フラム（2014）『美術は地域をひらく：大地の芸術祭10の思想』現代企画室。

北川フラム（2015）『ひらく美術』ちくま新書。

北川フラム（2017）『ファーレ立川パブリックアートプロジェクト基地の街をアートが変えた』現代企画室。

北川フラム・大地の芸術祭実行委員会 監修（2007）『大地の芸術祭：越後妻有アートトリエンナーレ2006』現代企画室。

北川フラム・大地の芸術祭実行委員会 監修（2010）『大地の芸術祭：越後妻有アートトリエンナーレ2009』現代企画室。

北川フラム・大地の芸術祭実行委員会 監修（2013）『大地の芸術祭：越後妻有アートトリエンナーレ2012』現代企画室。

北川フラム・大地の芸術祭実行委員会 監修（2016）『大地の芸術祭：越後妻有アートトリエンナーレ2015』現代企画室。

北川フラム・大地の芸術祭実行委員会 監修（2020）『大地の芸術祭：越後妻有アートトリエンナーレ2019』現代企画室。

北川フラム・奥能登国際芸術祭実行委員会 監修（2018）『奥能登国際芸術祭2017』現代企画室。

北川フラム・北アルプス国際芸術祭実行委員会 監修（2018）『北アルプス国際芸術祭2017』現代企画室。

北川フラム・瀬戸内国際芸術祭実行委員会 監修（2011）『瀬戸内国際芸術祭2010作品記録集』美術出版社。

北川フラム・瀬戸内国際芸術祭実行委員会 監修（2014）『瀬戸内国際芸術祭2013』美術出版社。

北川フラム・瀬戸内国際芸術祭実行委員会 監修（2017）『瀬戸内国際芸術祭2016』現代企画室。

北川フラム・瀬戸内国際芸術祭実行委員会 監修（2020）『瀬戸内国際芸術祭2019』青幻社。

佐藤友美子・土井勉・平塚伸治（2011）「アートを地域の希望に」『つながりのコミュニティ』岩波書店、131-146。

澤村明 編（2014）『アートは地域を変えたか』慶應義塾大学出版会。

大地の芸術祭・花の道実行委員会編集（2004）『大地の芸術祭：越後妻有アートトリ

エンナーレ2003』現代企画室。

椿昇・原田祐馬・多田智美 編（2014）『小豆島にみる日本の未来のつくり方』誠文堂新光社。

野田邦弘・小泉元宏・竹内潔・家中茂 編（2020）『アートがひらく地域のこれから』ミネルヴァ書房。

橋本和也（2018）『地域文化観光論』ナカニシヤ出版。

橋本和也 編（2019）『人をつなげる観光戦略』ナカニシヤ出版。

福武總一郎・北川フラム（2016）『直島から瀬戸内国際芸術祭へ：美術が地域を変えた』現代企画室。

藤田直哉 編（2016）『地域アート：美学/制度/日本』堀之内出版。

山口裕美（2010）『観光アート』光文社新書。

吉田隆之（2021）『［改定版］芸術祭と地域づくり』水曜社。

大町市HP（2018）『北アルプス国際芸術祭経済効果分析調査業務報告書2017』（geijyutusaihoukokusyo.pdf［city.omachi.nagano.jp］）

大町市HP（2022）『北アルプス国際芸術祭経済効果分析調査業務報告書2021』（https://www.city.omachi.nagano.jp/00002000/doc/00002100/keizaikouka/ % E3％80％90％E5％A0％B1％E5％91％8A％E6％9B％B8％E3％80％91％ E5％8C％97％E3％82％A2％E3％83％AB％E3％83％97％E3％82％B9％ E5％9B％BD％E9％9A％9B％E8％8A％B8％E8％A1％93％E7％A5％ AD2021-2022％E7％B5％8C％E6％B8％88％E5％8A％B9％E6％9E％9C. pdf）

株式会社アートフロントギャラリーHP（2022）『3月2日開催、世界銀行フォーラムに北川フラムが登壇します』（https://www.artfront.co.jp/jp/news_blog/3 % E6% 9C% 882% E6% 97% A5% E9% 96% 8B% E5% 82% AC% E3% 80% 81% E3% 80% 80% E4% B8% 96% E7% 95% 8C% E9% 8A% 80% E8% A1% 8C% E3% 83% 95% E3% 82% A9% E3% 83% BC% E3% 83% A9% E3% 83% A0% E3% 81% AB% E5% 8C% 97% E5% B7% 9D% E3% 83% 95% E3% 83% A9% E3% 83% A0% E3% 81% 8C/）

熊倉純子・中津結一郎・アートプロジェクト研究会（2015）「『日本型アートプロジェクトの歴史と現在1990年―2012年』とその補遺（https://tarl.jp/wp/wp-content/uploads/2017/01/tarl_output_39-1.pdf）

珠洲市HP（2018）『奥能登国際芸術祭総括報告書2017』（http://archive2017.oku-noto.jp/news/2017/12/05-okunoto2017-jissihoukoku.html）

珠洲市HP（2022）『奥能登国際芸術祭総括報告書2020+』（https://oku-noto.jp/ja/news_053.html）

瀬戸内国際芸術祭実行委員会（2022）『瀬戸内国際芸術祭総括報告』（https://setouchi-artfest.jp/about/archive/）

十日町市HP（2022）『大地の芸術祭総括報告書2000～2018』（https://www.city.tokamachi.lg.jp/soshiki/sangyokankobu/kankokoryuka/geijutsusaikikakugakari/gyomu/1450417285352.html）

東京アートリサーチラボHP（2015）『日本型アートプロジェクトの歴史と現在1990年―2012年補遺』（https://tarl.jp/library/output/2015/art_projects_history_japan_1990_2012_hoi/）

【第3章】

交通新聞社（2020）「JR GAZETTE 2020-12 COMENTARY（2）『観光型高速クルーザー「SEA SPICA（シースピカ）」の導入について』」。

交通新聞社（2021）「JR GAZETTE 2021-8『JR西日本　より魅力のある鉄道旅行の実現に向けて』」。

国土交通省（2021）「海事レポート2021」。

日本交通協会（2020）『汎交通』第Ⅳ号『WEST EXPRESS銀河』。

日本鉄道運転協会（2020）『運転協会誌』10月号『新たな長距離列車「WEST EXPRESS銀河」』。

日本鉄道技術協会（2020）『JREA』Vol.63, No.6『新造船「シースピカ」の導入を通じた瀬戸内エリアの海事観光振興の取り組み』。

日本鉄道運転協会（2021）『運転協会誌』10月号『地域活性化を目的とした列車・駅でのイベント開催について』。

【第4章】

Abbott L.（1955）*Quality and Competition*, Columbia University Press.

Clark, J. M.（1961）*Competition as a Dynamic Process*. Praeger Pub Text.（岸本誠二郎 監修・瀬地山敏 他訳『有効競争の理論』日本生産性本部、1970年）

Grönroos, C.（2008）*In Search of a New Logic for Marketing: Foundations of Contemporary Theory*, Wiley.（蒲生智哉 訳『サービス・ロジックによる現代マーケティング理論』白桃書房、2015年）

Kotler, P., T. Hayes, and P. Bloom（2002）*Marketing Professional Services 2nd ed.*, Prentice Hall Press.（白井義男 監修・平林祥 訳『コトラーのプロフェショナル・サービス・マーケティング』ピアソン・エデュケーション、2002年）

Lusch, R. F. and S. L. Vargo（2014）*Service-Dominant Logic Premise, Perspectives, Possibilities*, Cambridge University Press.（井上崇通 監訳、庄司真人・田口尚史 訳『サービス・ドミナント・ロジックの発想と応用』同文舘出版、2016年）

Peppers, D. and M. Rogers（2004）*Managing Customer Relationships*, Wiley &

Sons.

Porter, M. E.（1980）*Competitive Strategy*, Free Press.（土岐坤・中辻萬治・小野寺武夫 訳『競争優位の戦略』ダイヤモンド社、1985年）

石川和夫（2015）「マーケティングにおける中心価値の変化」『専修ビジネス・レビュー』第10巻第1号、1-16。

木田世界（2018）「従業員と顧客間の態度の同質性と異質性に関する研究整理：組織論とサービス・マネジメント論の視点から」『横浜国際社会科学研究』第22巻第4・5・6号、303-312。

喜村仁詞（2019）「顧客満足構造からみたサービスにおける価値共創プロセスの考察」（関西大学博士学位論文）。

京都創生推進フォーラム（2009）「京都創生推進フォーラム広報誌」（3月）。

陶山計介・伊藤佳代（2021）『インターナルブランディング：ブランド・コミュニティの構築』中央経済社。

西村順二・陶山計介・田中洋・山口夕妃子 編（2021）『地域創生マーケティング』中央経済社。

東 利一（2019）『顧客価値を創造するコト・マーケティング』中央経済社。

一般社団法人ブランド戦略経営研究所（https://www.brand-si.com/theme379.html）。

京都市（2004）「歴史都市京都創生案」（https://www.city.kyoto.lg.jp/sogo/cmsfiles/contents/0000035/35089/gaiyou.pdf）

京都市（2017）「平成29年度事務事業評価票」（http://www5.city.kyoto.jp/jimujigyohyoka/h29/1310014.pdf）

京都市（2020）「まち・ひと・しごと・こころ京都創生」総合戦略（https://www.city.kyoto.lg.jp/sogo/page/0000197278.html）

京都市情報館（https://www.city.kyoto.lg.jp/）

京都市総合企画局総合政策室創生戦略（2015）「京都市における人口動態の概要」（https://cocoronosousei.com/pdf/05_gaiyou.pdf）

京都創生推進フォーラム（https://www.kyoto-sousei.jp/）

京友禅共同組合連合会（http://www.kyosenren.or.jp/）

経済産業省（2020）「サービスデザインをはじめるために」（https://www.meti.go.jp/shingikai/mono_info_service/service_design/pdf/20200420_01.pdf）

JTB総合研究所（https://www.tourism.jp/tourism-database/glossary/related-population/）

総務省（https://www.soumu.go.jp/main_sosiki/jichi_gyousei/）

株式会社田中直染料店（https://www.tanaka-nao.co.jp/）

内閣官房まち・ひと・しごと創生本部事務局 内閣府地方創生推進事務局（https://www.chisou.go.jp/sousei/index.html）

日本の伝統工芸士（http://www.kougeishi.jp/）
有限会社豊明（https://kyoto-denim.com/）

【第5章】

Arvidsson, A. and A. Caliandro（2016）"Brand Public," *Journal of Consumer Research*, Vol.42, Issue5, 727-748.

Hudson, S. and B. Ritchie（2006）"Promoting Destinations via Film Tourism: An Empirical Identification of Supporting Marketing Initiative," *Journal of Travel Research*, Vol.44, Issue4, 387-396.

Macionis, N.（2004）"Understanding the Film-Induced Tourist," in W. Frost, W.C. Croy and S. Beeton eds., *Proceeding of the International Tourism and Media Conference*, 86-97.

岩崎達也・大方優子・津村将章（2018）「アニメ聖地巡礼におけるリピート行動分析：『夏目友人帳』熊本県人吉市における巡礼行動を事例として」『コンテンツツーリズム学会論文集』第5巻、12-24。

岡本健（2015）『アニメ聖地巡礼の観光社会学：コンテンツツーリズムのメディア・コミュニケーション分析』法律文化社。

岡本健（2018）『巡礼ビジネス：ポップカルチャーが観光資産になる時代』角川新書。

岡本亮輔（2015）『聖地巡礼：世界遺産からアニメの舞台まで』中央公論新社。

小川長（2013）「地域活性化とは何か：地域活性化の二面性」『地方自治研究』第28巻第1号、42-53。

木村めぐみ（2019）「コンテンツツーリズムと海外の政策」岡本健 編『コンテンツツーリズム研究：アニメ・マンガ・ゲームと観光・文化・社会 増補改訂版』福村出版。

楠見孝・米田英嗣（2018）「"聖地巡礼" 行動と作品への没入感：アニメ、ドラマ、映画、小説の比較調査」『コンテンツツーリズム学会論文集』第5巻、2-11。

小新井涼（2021）「湯涌ぼんぼり祭りとは」湯涌ぼんぼり祭り実行委員会・間野山研究学会 編『湯涌ぼんぼり祭り2011-2021：アニメ「花咲くいろは」と歩んだ10年』parubooks。

小村明子（2020）「地域振興とアニメ：自治体による地域振興の場におけるアニメ作品の活用例を考察する」『応用社会学研究』第62号、131-147。

田村正紀（2006）『リサーチ・デザイン：経営知識創造の基本技術』白桃書房。

畠山仁友（2012）「アニメの舞台化が地域に及ぼすプロモーションとしての効果：P.A.WORKS『花咲くいろは』と湯涌温泉「ぼんぼり祭り」を事例として」『広告科学』第57号、17-32。

羽藤雅彦（2019）『ブランド・コミュニティ：同一化が結びつきを強化する』中央経

済社。

山村高淑（2008）「アニメ聖地の成立とその展開に関する研究：アニメ作品「らき☆
　　すた」による埼玉県鷲宮町の旅客誘致に関する一考察」『国際広報メディア・観光
　　ジャーナル』第7号、145-164。

山村高淑（2012）「架空の祭りを伝統行事に『ぼんぼり祭り』成功の秘訣」『日経グ
　　ローカル』第202号、62-63。

湯涌ぼんぼり祭り実行委員会・間野山研究学会 編（2021）『湯涌ぼんぼり祭り2011-
　　2021：アニメ「花咲くいろは」と歩んだ10年』parubooks。

国土交通省総合政策局観光地域振興課・経済産業省商務情報政策局文化情報関連産
　　業課・文化庁文化部芸術文化課（2005）『映像等コンテンツの制作・活用による地
　　域振興のあり方に関する調査：報告書』（https://www.mlit.go.jp/kokudokeikaku/
　　souhatu/h16seika/12eizou/12eizou.htm）

【第6章】

Granovetter M.（1973）"The Strength of Weak Ties," *American Journal of
　　Sociology*,78., No.6.（大岡栄美「弱い紐帯の強さ」野沢慎司 編・監訳『リーディン
　　グスネットワーク論：家族・コミュニティ・社会関係資本』勁草書房、2006年、
　　123-158）

Lam, T. and C.H.C. Hsu（2006）"Predicting Behavioral Intention of Choosing a
　　Travel Destination," *Tourism Management*, Vol.27, Issue 4, 589-599.

Light, D.（1996）"Characteristics of the Audience for 'events' at a Heritage Site,"
　　Tourism Management, Vol.17, Issue 3, 183-190.

Lumsdon, L.（1997）*Tourism Marketing,* International Thomson Business Press.
　　（奥本勝彦 訳『観光のマーケティング』多賀出版、2004年）

Pigram, J.（1983）*Outdoor Recreation and Resources Management,* Croom Helm
　　Ltd.

Schmitt, B. H.（1999）*Experiential Marketing: How to Get Customers to Sense, Feel,
　　Think, Act, and Relate to Your Company and Brands.* Free Press.（嶋村和恵・広
　　瀬盛一 訳『経験価値マーケティング』ダイヤモンド社、2000年）

アレックス・カー・清野由美（2019）『観光亡国論』中公新書ラクレ。

井口貢（2002）『観光文化の振興と地域社会』ミネルヴァ書房。

大方優子（2012）「旅行先へのリピーターに関する研究：旅行先への愛着形成に関す
　　る理論的考察」『東海大学短期大学紀要』第45号、1-6。

大方優子・五十嵐正毅（2015）「旅行先へのリピーターの行動特性に関する研究：リ
　　ピーターの類型化」『九州産業大学産業経営研究所報』第47号、15-25。

北川宗忠 編（2008）『観光・旅行用語辞典』ミネルヴァ書房。

佐藤友理子・岡本直久（2011）「国内旅行におけるリピーターの行動特性及び醸成要因に関する研究」『土木計画学研究』第28巻、455-464。

中井治郎（2020）『観光は滅びない』星海社。80-81。

Park Jungyoung.（2005）「要因分析に基づくモデル開発の試みに関する研究」『立命館人間科学研究』第 9 号、25-36。

和田浩一（2002）「地方創生の切り札に　和田浩一・観光庁長官インタビュー」『読売クオータリー』2022冬号。

世界旅行ツーリズム協議会（WTTC）（2020年 4 月）（https://pages.trip.com/images/group-home/2021_Trending_in_Travel_JP.pdf）

内閣府HP「世論調査」（https://survey.gov-online.go.jp/r01/r01-shakai/2-1.html）

【第 7 章】

Ipsos MediaCT（2014）The 2014 Traveler's Road to Decision（https://www.thinkwithgoogle.com/consumer-insights/2014-travelers-road-to-decision/）

Madrid City Council（2020）Help（https://vimeo.com/388313595）

国立社会保障・人口問題研究所（2017）日本の将来推計人口（https://www.ipss.go.jp/pp-zenkoku/j/zenkoku2017/pp29_ReportALL.pdf）

経済産業省（2010）「映像コンテンツを活用した地域プロデュースカリキュラム」経済産業省 平成22年度産業技術人材育成支援事業（地域映像クリエイター等人材育成事業）

観光庁（2017）「魅力ある観光地域づくり」（https://www.mlit.go.jp/common/001172873.pdf）

スペイン・カタルーニャ州政府観光局（2018）「The Route of Fate」（https://vimeo.com/256378808）

ハワイ州観光局（2019）「Moment of Island of Hawai'i」（https://Youtube.com/Vqflj9ubBfE）

与論町（2018）「Yoron Island Japan in 8K HDR-与論島」（https://youtube/5MnVakBk850）

【第 8 章】

砂子隆志（2021）「着地型観光による地域創生」西村順二・陶山計介・田中洋・山口夕妃子 編『地域創生マーケティング』中央経済社、146-164。

観光庁（2011）「地域いきいき観光まちづくり2010（平成23年 3 月）」「第 4 章 着地型観光に取り組む特徴的な組織」（https://www.mlit.go.jp/common/000146935.pdf）

観光庁（2021）「旅行・観光消費動向調査、2020年年間値（確報）」（2021年 4 月30日発表）（https://www.mlit.go.jp/kankocho/topics02_000208.html）

観光庁（2021）「テーマ別観光による地方誘客事業」（https://www.mlit.go.jp/kankocho/shisaku/kankochi/theme_betsu.html）

【第9章】

Ap, J.（1992）"Residents' Perceptions on Tourism Impacts," *Annals of Tourism Research*, Vol.19, No.4, 665-690.

Lankford, S. V. and D. R. Howard（1994）"Developing a Tourism Impact Attitude Scale," *Annals of Tourism Research*, Vol.21, No.1, 121-139.

池内秀樹・朽木弘寿（2007）「『観光まちづくり』の成果と課題：由布院温泉・黒川温泉を実例として」『地域創成研究年報』第2巻、155-174。

市田明子・高野研一（2020）「地域活性化を目指す市町村組織の管理職リーダーシップ」『地域活性研究』第12巻、1-8。

井出拓郎（2019）「観光まちづくりにおけるリーダーの発達とその影響要因に関する研究」『法政大学博士論文』甲第468号、1-266。

上田裕文・郡山彩（2016）「地域づくりに関わる住民の行動変容プロセスとよそ者の役割」『農村計画学会誌』第35巻第3号、398-403。

尾家建生（2010）「ニューツーリズムと地域の観光産業」『大阪観光大学紀要』第10号、25-37。

大野富彦（2022）「地域連携DMOの活動展開プロセス：DMOとステークホルダーの関係から考察」『観光マネジメント・レビュー』第2号、46-59。

大塚良治（2018）「鉄道事業者間および観光関係主体との業務・資本提携に基づく観光まちづくりの論理」『江戸川大学紀要』第28号、397-408。

金井雅之（2008）「温泉地のまちづくりを支える社会構造」『社会学年報』第37巻、83-91。

木下勇・ハンス ビンダー（2011）「日本の都市再開発におけるアイデンティティと持続可能性について」『都市計画論文集』第46巻第3号、463-468。

熊坂敏彦（2019）「『循環型地場産業』形成を促す観光振興の役割と可能性：地場産業産地の『観光まちづくり』による『地域活性化』事例を中心に」『昭和女子大学現代ビジネス研究所紀要』第4巻、1-13。

捧富雄（2011）「観光地づくりの推進主体の研究（序説）」『鈴鹿国際大学紀要』第17巻、101-116。

真田茂人（2011）「今、注目される本物のリーダーシップ『サーバントリーダーシップ』」『偉業と人材』10月号、72-74。

塩見正成（2021）「観光地域づくり法人（DMO）の分類と課題の検討」『都市経営研究』第16巻第1号、27-48。

敷田麻実（2009）「よそ者と地域づくりにおけるその役割にかんする研究」『国際広

報メディア・観光学ジャーナル』第 9 号、79-100。

敷田麻実・内田純一・森重昌之 編（2009）『観光の地域ブランディング：交流による
まちづくりのしくみ』学芸出版社。

平光正（2012）「観光・交流による地域活性化の研究：掛川市を事例として」『環境
と経営：静岡産業大学論集』第18巻第 1 号、41-54。

高橋一夫（2013）「観光マーケティングと観光地づくり：観光マーケティングの主体
としてのDMO」『ランドスケープ研究：日本造園学会誌』第77巻第 3 号、202-207。

田蔵大地（2020）「インタビュー：専門家から見た株式会社型DMO」公益財団法人
日本交通公社『観光文化』第244号、51-52。

床桜英二（2016）「過疎地域の再生・活性化とサーバント・リーダーシップ」『商大
ビジネスレビュー』第 6 巻第 1 号、65-95。

中野文彦（2020）「株式会社型DMOを概観する」公益財団法人日本交通公社『観光
文化』第244号、4-9。

西村幸夫（2009）「観光まちづくりとは何か：まち自慢からはじまる地域マネジメン
ト」西村幸夫 編『観光まちづくり：まち自慢からはじまる地域マネジメント』第
1 章、9-28。

西村順二・陶山計介・田中洋・山口夕妃子 編（2021）『地域創生マーケティング』中
央経済社。

公益社団法人日本観光振興協会（2012）『地域観光協会「観光まちづくり」実態調査
報告書』。

野上泰生（2010）「別府オンパクにみる先進性と普遍性」『観光研究』第21巻第 2 号、
20-23。

長谷政弘 編（2003）『新しい観光振興：発想と戦略』同文舘出版。

韓準祐（2016）「由布院の事例分析を通した観光まちづくり研究の再考察の試み」『観
光学評論』第 4 巻第 2 号、91-106。

堀野正人（2016）「観光まちづくり論の変遷に関する一考察：人材育成にかかわらせ
て」『地域創造学研究』第27巻第 2 号、65-91。

丸山奈穂（2020）「Influence of Tourism Area Life Cycle (TALK) on Residents' Attitudes
（観光地のライフサイクルと地域住民への影響）」『地域政策研究』第22巻第 3 号、
1-20。

森重昌之（2011）「多様な人びとがかかわる機会をつくり出す地域主導の観光：『か
かわり合う地域社会（Engaging Community)』の形成に向けて」『北海道大学大
学院国際広報メディア・観光学院院生論集』第 7 号、61-70。

矢吹雄平（2010）『地域マーケティング論：地域経営の新地平』有斐閣。

山田泰司（2009）「持続可能な観光まちづくりへの第一歩」安島博幸 監修・国土総合
研究機構観光まちづくり研究会『観光まちづくりのエンジニアリング：観光振興

と環境保全の両立』学芸出版社、158-173。

山口一美（2008）「観光振興による地域活性化：リーダーによる地域資源の発見と活用」『文教大学国際学部紀要』第19巻第1号、101-117。

若林宏保（2014）「地域ブランドアイデンティティ策定に関する一考察」『マーケティングジャーナル』第34巻第1号、109-126。

観光庁（2021）『観光地域づくり法人（DMO）とは?』（https://www.mlit.go.jp/kankocho/page04_000048.html）

日本政府観光局（2022）「『民間の本気の力を発揮させる仕組みづくり』秩父地域おもてなし観光公社の取組み：一般社団法人秩父地域おもてなし観光公社（埼玉県・秩父地域）」（https://action.jnto.go.jp/casestudy/1592）

【第10章】

岡村健志・小松一之・菊池豊（2008）「地域コンテンツのビジネスモデル」『社団法人情報処理学会研究報告（IPSJ SIG Technical Report）』第23号、43-47。

特定非営利活動法人ジャパン・フィルムコミッション（2022）「概要」（https://www.japanfc.org/about/purpose）

執 筆 者 紹 介

室 博 （むろ・ひろし）序章

西日本旅客鉄道株式会社 地域まちづくり本部地域共生部 企画開発部長
法政大学法学部卒業。1980年4月 日本国有鉄道入社。1987年10月 西日本旅客鉄道株式会社 営業本部宣伝課勤務。2000年6月 同 営業部主幹。2003年6月 同 営業本部 マネジャー。2011年6月 同 営業本部 次長。2013年6月 同 営業本部 副本部長。2016年6月 同 執行役員 営業本部長を経て2021年6月より現職。

小菅謙一 （こすが・けんいち）序章

西日本旅客鉄道株式会社 鉄道本部イノベーション本部 海外鉄道事業推進室長
東京大学経済学部卒業。1992年4月 西日本旅客鉄道株式会社入社。1997年9月 ロンドン大学インペリアルカレッジ交通工学修士および経営学修士課程修了。2004年10月 総合企画本部カスタマー企画推進室担当マネジャー。2011年6月 営業本部課長。2017年6月 近畿統括本部京都支社 副支社長を経て、2021年7月より現職。

陶山計介 （すやま・けいすけ）第1章

一般社団法人ブランド戦略経営研究所理事長、関西大学名誉教授
1950年生まれ。京都大学大学院経済学研究科博士後期課程単位取得。京都大学博士（経済学）。関西大学商学部教授を経て2021年4月より現職。専門はブランド・マーケティング論。主著に『マーケティング戦略と需給斉合』（中央経済社）、『インターナルブランディング：ブランド・コミュニティの構築』（共著、中央経済社）など。

佐藤友美子 （さとう・ゆみこ）第2章

学校法人追手門学院理事
1951年生まれ。立命館大学文学部卒業。サントリー不易流行研究所部長、サントリー文化財団上席研究フェロー、追手門学院大学成熟社会研究所所長、地域創造学部教授を経て現職。環境省中央環境審議会委員、日本放送協会経営委員等を歴任。編著に『つながりのコミュニティ』（岩波書店）他。

多田真規子（ただ・まきこ）第3章

西日本旅客鉄道株式会社 理事　地域まちづくり本部地域共生部長
1965年生まれ。京都大学大学院工学研究科修了後、西日本旅客鉄道株式会社入社。同社営業本部担当部長、CS推進部長、神戸支社長を経て2021年より現職。一級建築士。

内山 興（うちやま・こう）第3章

西日本旅客鉄道株式会社 地域まちづくり本部地域共生部 課長
1974年生まれ。東京大学法学部卒業後、西日本旅客鉄道株式会社入社。同社松江駅長、松江支店長、営業本部営業戦略課長を経て2022年より現職。松江観光大使、遣島使（島根県版ふるさと親善大使）を務める。

伊藤佳代（いとう・かよ）第4章

社会保険労務士法人ソーケム代表社員、株式会社ソーケム執行役員、特定社会保険労務士
東京都生まれ。立命館大学国際関係学部卒業。関西大学大学院商学研究科修士課程修了。日本マーケティング学会会員。日本流通学会会員。主著に『インターナルブランディング：ブランド・コミュニティの構築』（共著、中央経済社）など。

羽藤雅彦（はとう・まさひこ）第5章

流通科学大学商学部教授
2015年関西大学大学院商学研究科博士課程後期課程終了。関西大学博士（商学）。流通科学大学商学部専任講師、准教授を経て2022年4月より現職。主な業績は『ブランド・コミュニティ：同一化が結びつきを強化する』（中央経済社）（日本広告学会奨励賞）など。

青谷実知代 (あおたに・みちよ) 第6章

神戸松蔭女子学院大学人間科学部准教授
奈良女子大学大学院人間文化研究科複合領域科学専攻博士後期課程単位取得（経営学）。主著に『バーモントカレーとポッキー』（共著、農林統計協会）、『地域ブランドづくりと地域のブランド化』（共著、農林統計協会）など。鹿児島県南大隅町交流大使。2022年より大阪府市都市魅力戦略推進会議委員に就任。

木川剛志 (きがわ・つよし) 第7章

日本国際観光映像祭総合ディレクター、和歌山大学観光学部教授
1976年京都市生まれ。京都工芸繊維大学で建築計画を学び、スリランカ、中国、米国などで建築家修行をする。ロンドン大学バートレット大学院で都市計画を学び、帰国後は地域を舞台とした映画制作に関わる。専門は都市形態学、観光映像、ドキュメンタリー。

砂子隆志 (すなこ・たかし) 第8章

日本旅行総研（株式会社日本旅行 新規事業室長）
西日本旅客鉄道株式会社、株式会社日本旅行（地域振興、WEBサイト運営等）を経て、現在日本旅行総研にて、地域活性化コンサルタントとして地域および観光事業者のマーケティング支援を担当。中小企業診断士。

大田謙一郎 (おおた・けんいちろう) 第9章

長崎県立大学経営学部准教授
1983年生まれ。関西大学商学部卒業、同大学院商学研究科博士課程後期課程修了。関西大学博士（商学）。専門はマーケティング・リサーチ、マーケティング論。主著に『地域創生マーケティング』（共著、中央経済社）、『よくわかる現代マーケティング』（共著、ミネルヴァ書房）など。

彦惣康宏（ひこそう・やすひろ）第10章

株式会社JR西日本コミュニケーションズ ソーシャル＆コンテンツビジネス局長
1970年生まれ。関西大学商学部卒業。自治体等への広告コンサルティングセールスを経て、2017年新設された地方創生専門部署地域共創ビジネス室初代室長、2021年10月より現職。道の駅運営を通じて地方創生事業を行う有限責任事業組合FOOD HUNTER PARK代表も務める。

.

地域創生と観光

2022年12月20日 初版第1刷発行
2023年4月24日 初版第2刷発行

編著者　陶山計介
　　　　室　博
　　　　小菅謙一
　　　　羽藤雅彦
　　　　青谷実知代

発行者　千倉成示
発行所　株式会社 千倉書房
　　　　〒104-0031 東京都中央区京橋3丁目7番1号
　　　　電話 03-3528-6901（代表）
　　　　https://www.chikura.co.jp/

造本装丁　米谷 豪
印刷・製本　精文堂印刷株式会社

陶山計介、室 博、小菅謙一、羽藤雅彦、青谷実知代 ©2022 Printed in Japan〈検印省略〉
ISBN 978-4-8051-1273-1 C3063

乱丁・落丁本はお取り替えいたします

JCOPY ＜（一社）出版者著作権管理機構 委託出版物＞

本書のコピー，スキャン，デジタル化など無断複写は著作権法上での例外を除き禁じられて
います。複写される場合は，そのつど事前に（一社）出版者著作権管理機構（電話 03-
5244-5088，FAX 03-5244-5089，e-mail: info@jcopy.or.jp）の許諾を得てください。また，
本書を代行業者などの第三者に依頼してスキャンやデジタル化することは，たとえ個人
や家庭内での利用であっても一切認められておりません。